아, 그런가?!

아, 그런가?! 모든 질문에 답하다

ⓒ 이국진
초판 1쇄 발행: 2019년 9월 25일

지 은 이 : 이국진
펴 낸 곳 : 웨스트민스터 성경 연구소 (WBS)
등록번호 : 제2018-000008호
총   판 : 하늘유통 TEL: 031-947-7777 FAX: 0505-365-0691
문   의 : missionwestminster@gmail.com
　　　　　 (저작권 사용 문의, 오·탈자 신고)

ISBN 979-11-963159-1-7 03230
CIP 제어번호: CIP2019026253

* 이 도서는 저작권법에 따라 보호를 받는 저작물입니다. 출판사와의
　협의 없이 무단 전재와 무단 복제를 엄격히 금하며, 이를 위반할
　때에는 민형사상 책임을 지게 됩니다.
* 책값은 뒤표지에 있습니다.

이 도서의 국립중앙도서관 출판예정도서목록(CIP)은 서지정보유통지
원시스템 홈페이지(http://seoji.nl.go.kr)와 국가자료 공동목록시스템
(http://www.nl.go.kr/kolisnet)에서 이용하실 수 있습니다.

웨스트민스터 성경연구소는 쉽고도 분명한 하나님의 말씀으로 온 세상을
품는다는 목적을 가지고 세워진 비영리 선교 기관입니다. 성경연구소를
통해 하나님의 말씀이 온 세상에 전해질 수 있기를 기대합니다.

아, 그런가?!

모든 질문에 답하다

이국진

WBS

목차

저자 서문

묻지도 따지지도 않고 믿기만 하면 될까요? 종 종 맹목적인 신앙이 가장 좋은 신앙인 것처럼 말을 하곤 합니다. 하지만 예수님은 그렇게 말씀 하지 않으셨습니다. "맹인이 맹인을 인도하면 둘이 다 구덩 이에 빠지리라"(마 15:14)라고 말씀하시면서, 과연 내가 따 라가는 그 길이 제대로 된 길인지 먼저 확인해야 한다고 하 셨습니다. 질문을 던지는 것은 불경한 것이 아닙니다. 신앙의 길에 반드시 있어야 할 것이 질문입니다.

마지막 때가 되면 거짓 선지자들이 나타나서 우리를 미혹할 것이라고 경고하셨는데(막 13:22), 정말 우리 주변에는 잘못된 가르침이 넘쳐나고 있습니다. 그래서 우리는 아무 가르침이나 그냥 믿어서는 안 되고 과연 그런 가르침이 하나님께 속한 것인지 분별해야 합니다(요일 4:1).

저는 지난 30년간 목회를 하면서 우리 성도님들에게 질문하라고 가르쳤습니다. 과연 이게 맞는 말인지, 성경적으로 바른 교훈인지 질문해야 한다고 말입니다. 그리고 단순히 강단에서 일방적으로 선포해버리기보다는 열린 대화의 장을 통해서 함께 고민해보는 기회를 자주 만들려고 했습니다. 그래서 때로는 "열린 신앙 토크"라는 이름으로, 때로는 "열린 신앙 톡투유"라는 이름으로, 쌍방향 소통을 시도하곤 했습니다.

그러다가 전북 극동방송이 개국하면서 그 대화의 장을 넓히게 되었습니다. 매일 오전 10시에 익명 상담을 받고 대화하는 창구를 열게 된 것입니다. 이 프로그램을 진행하면서 사람들은 비슷한 질문과 비슷한 고민을 많이 하고 있다는 것을 알게 되었습니다. 그래서 우리들이 흔히 가지고 있는 신앙적인 질문들을 모아 책으로 펴내게 되었습니다. 방송을 듣지 못하거나 직접 열린 신앙 톡투유에 참여하지 못하는 분들도 같은 혜택을 누릴 수 있게 하길 원하는 마음에서 말입니다. 이 책이 널리 읽혀서 오랫동안 신앙생활 하면서도 애매했던 문제들이 정리되고, 보다 더 건전한 성경적인 가르침으로 들어오기를 소망합니다.

이 책에서 제시하는 대답은 그 동안 교회에서 흔히 듣던 대답과는 다른 대답일 수 있습니다. 그런 점에서 그래서 "아, 그런가?"하고 고개를 갸우뚱하게 만들 수도 있습니다. 하지만 깊이 생각해 보면, "아, 그렇구나!" 할 수 있을 겁니다. 이 책에 있는 내용이 유일한 정답이라고 말하고 싶지는 않습니다. 다만 생각을 더 깊게 하게 만드는 도구로 쓰임을 받을 수 있으면 좋을 것입니다. 질문을 더 많이 하면 할수록 더 깊은 진리 속으로 들어갈 수 있는 가능성이 있으니까 말입니다.

이 책은 여러 사람의 도움을 통해서 빛을 보게 되었습니다. 그래서 이 자리를 빌려 그 모든 분에게 감사를 표하고 싶습니다. 자신들의 문제를 드러내놓고 질문을 던져주신 질문자들에게 감사를 드립니다. 이분들의 고민은 다른 사람들에게도 유익이 되었을 것이라고 믿습니다. 언제나 기쁜 마음으로 사역에 하는 윤석진 전도사님은 이 책을 멋지게 디자인해 주었기에 감사드립니다. 전북 극동방송의 "아, 그런가?! 모든 질문에 답하다" 프로그램을 통해서 대화를 아주 매끄럽게 인도해준 강주연 PD에게와 부족한 저를 늘 응원해주고 후원해주시는 예수비전교회의 성도님들에게 감사의 마음을 전합니다. 그리고 언제나 그랬듯이 책이 나오기까지 진솔한 조언과 교정을 해준 영원한 삶의 동역자 최유선 사모에게 가장 큰 감사를 드립니다.

마음이 따뜻하고 여유로운 시골 같은 도시,

전주골 한 자락에서

이국진

1

하나님이 계시다고
세뇌당해온 것은 아닐까요?

? 하나님이 실제로는 존재하지 않는데 하나님이
존재한다고 너무 많이 세뇌당해서 하나님이
존재하는 것이라고 생각하게 된 것은 아닐까요? 나는
지금까지 너무 많은 세뇌를 당해서 하나님이 계시다
고 믿고 살아온 것 같은데, 지금 생각해보니 사실은
하나님이 계시다는 것을 잘 알 수 없어요. 내가 너
무 세뇌당해서 속아온 것은 아닐까요?

그런 생각이 들 수 있겠네요. 그동안 부모님들이 하나님에 대해서 이야기를 많이 해왔고 또 교회에서도 사람들이 모두 하나님이 존재한다고 가르쳐왔기 때문에, 어떤 의미에서 그동안 계속 세뇌당했던 것이라고 느낄 수도 있겠네요.

다들 주변에서 하나님이 계시다고 말을 하니까 그런가 하면서 살아왔는데, 실은 내가 하나님이 계시다는 사실을 확신할 수 없다는 느낌을 받을 수 있어요. 모두가 다 임금님이 입은 옷이 멋있다고 칭찬하는 상황에서 나 혼자 임금님이 벌거벗은 것 같다고 말하기가 쉽지 않은 것처럼, 그렇게 지내온 것은 아닌가 하고 혼란스러울 수 있겠네요.

그런데 세뇌는 한쪽 방향에서만 이루어지고 있는 것이 아니라, 정반대의 방향에서도 이루어지고 있답니다. 부모님들과 교회에서는 하나님이 존재한다고 세뇌하고 있지만, 정반대로 인터넷이나 내가 읽은 책이나 친구들을 포함한 이 세상의 모든 다른 쪽에서는 하나님이 계시지 않다고 세뇌하고 있답니다. 즉 세뇌는 양방향에서 함께 일어나고 있는 것이라 할 수 있지요.

문제는 세뇌가 이루어지느냐 이루어지지 않느냐에 있는 것이 아니에요. 그 세뇌가 진짜냐 아니냐가 중요한 것이죠. 예를 들어, 아버지와 어머니께서 나를 사랑한다고 계속해서 말씀하신다고 해봐요. 그렇게 매일 반복해서 말씀하시는 것을 부당한 세뇌라고 할 수 있을까요? 아니죠. 그건 정당한 세뇌에요. 그런데 유괴범이 다가와 맛있는 과자를 줄 것이라고 말한다면, 그것은 잘못된 세뇌에요. 누구의 말이 더 설득력 있게 들리느냐보다 더 중요한 것은 그 말이 진짜인가 가짜인가가 더 중요해요.

그런데 정말 하나님은 계신 것일까요? 문제는 이것을 확실하게 설득하는 것이 쉽지 않다는 점이에요. 하나님은 영이시기 때문에 우리가 눈으로 볼 수 없고, 우리의 오감으로 느낄 수 없거든요. 그래서 하나님이 계시다고 세뇌하는 것이 맞는지, 하나님이 계시지 않다고 세뇌하는 게 맞는 것인지 쉽게 확인할 수 없다는 것이 문제인 것 같아요.

하지만 우리가 너무 성급하게 하나님이 계시지 않는다고

결론을 내리지 않았으면 좋겠어요. 프랑스의 철학자 파스칼이 말한 대로 하나님이 계시지 않는다는 것에 내 인생을 걸었는데 실제로 죽어보니 하나님이 계시다는 사실을 알게 된다면 아주 큰 낭패일 것이니까요. 어느 쪽에서 주는 세뇌가 맞는 세뇌인지 고민해보세요.

하나님이 계시며 그 하나님이 나를 사랑하신다는 사실을 믿고 사는 것이 유익할까요? 하나님은 계시지 않으며 하나님은 나의 영적인 아버지일 리가 없다고 생각하고, 고아처럼 이 세상에서 살아가는 것이 유익할까요? 수많은 사람이 하나님이 계시며 그 하나님이 나를 사랑하신다는 사실을 믿고 아주 놀라운 영적인 유익을 누리며 살았어요. 그러한 유익을 함께 누리고 싶지 않으신가요?

2

구약시대에도 성령님께서
일반 성도들 가운데 역사하셨나요?

구약시대에 성령님의 내주(indwelling)가 일
반 성도들에게도 있었나요? 오순절에 오신 보
혜사 성령과 구약시대의 성령은 같은 성령님인가요?

 구약시대에도 성령님께서 역사 하셨느냐는 질문에
대한 대답은 예(yes)라고 대답할 수도 있고, 동시
에 아니오(no)라고 대답할 수도 있어요. 사람들의

마음속에서 역사하시는 분은 신약시대나 구약시대나 할 것 없이 똑같은 성령 하나님이라고 할 수 있죠. 성령님은 우리들의 마음을 열게 하시고 영적인 눈을 뜨게 하셔서 하나님의 은혜를 받아들일 수 있도록 하시는 분이시거든요. 회개의 영을 부어주셔서 구약의 성도들도 회개할 수 있었죠. 순종의 영을 부어주셨기 때문에 구약시대의 사람들도 하나님께 순종할 수 있었어요. 따라서 구약에 일반 성도들에 대한 성령님의 역사를 구체적으로 기록하고 있지 않다는 이유로 구약시대에는 성령 하나님께서 역사하지 않으셨다고 말하는 것은 잘못일 거예요.

하지만 구약시대에 성령님께서 특별하게 역사하신 것은 오직 선택받은 소수의 사람에게뿐이었어요. 성령께서 선택한 소수의 사람만이 성경을 기록하거나 예언을 할 수 있었죠. 그런 의미에서 성령님께서는 일부 특정한 사람들에게만 역사하셨을 뿐이라고 할 수 있어요.

오순절 날 마가의 다락방에 있던 사람들은 성령께서 말하게 하심을 따라서 각기 다른 언어로 복음을 전한 일이 있었어요(행 2:1-21). 이러한 사건은 구약성경 요엘서에서 예언 했던 일이 이루어진 것이었죠. 구약시대에는 오로지 선택받은 소수의 사람에게만 성령께서 역사하셨는데(협의의 의미에서), 신약시대에 들어서면서 구원의 놀라운 역사를 말하는 일에 일반인들도 참여하게 된 거예요. 그런 차원에서 성령 하나님의 역사가 신약시대에 좀 더 보편적으로 넓혀졌다고 할 수 있어요. 하지만 성령 하나님의 일반적인 역사는 구약 시대나 신약시대나 같다고 할 수 있어요.

3

어머니 하나님도 계시나요?

지상에 가족이 있듯이 우리들의 영원한 집인 하늘에도 영의 가족이 있는 것이며, 가족은 아버지와 자녀로만 구성되지 않고 가족들의 구심점 역할을 하는 어머니가 반드시 있는 것처럼 천국에도 우리 영의 어머니가 계신다는 주장을 들은 적이 있습니다. 정말로 아버지 하나님만 계신 것이 아니라, 어머니 하나님도 계시나요?

참으로 흥미로운 주장입니다만, 이러한 주장은 성경의 가르침을 오도하는 잘못된 주장이에요.

하나님을 아버지라고 부르는 이유는 무엇일까요? 그것은 하나님께서는 우리를 아버지처럼 "사랑하신다"는 사실을 드러내기 위하여 아버지라는 비유를 사용하는 거예요. 그래서 예수님은 우리에게 아버지 되신 하나님께 기도하면 아버지가 자녀들의 요청을 들어주는 것처럼 하나님도 들어주실 것이라고 가르쳐 주셨어요. 그런 점에서 하나님은 우리의 아버지라고 표현하는 거예요.

하지만 아버지에 해당하는 모든 속성이 하나님의 속성과 일치하는 것은 아니에요. 예를 들어, 우리들의 육적인 아버지는 원래는 총각이었는데 어머니와 결혼하였고 그 결혼의 과정을 통해서 우리를 낳았으며, 나중에는 결국 아무 힘도 쓰지 못하는 노인이 되었다가 죽음을 맞이하는 존재죠. 그러니까 우리들의 영적인 아버지가 되시는 하나님도 우리들의 육적인 아버지처럼 나중에는 죽음을 맞이할 수밖에 없는 존재라고 생각해서는 안 돼요. 인간 아버지와는 달리 하나님 아버지는 영원토록 존재하시는 분이시기 때문이죠(사 57:15; 롬 1:20). 우리들의 인간 아버지는 저녁이 되면 잠자리에 드셔야 하고 어느 정도 충분히 잠을 주무신 후에 아침에 일어나시죠? 그러니까 우리들의 영적인 아버지가 되시는 하나님도 주무실 때가 있을 것으로 생각해서는 안 돼요. 인간 아버지와는 달리 하나님 아버지는 졸지도 주무시지도 않으시기 때문이에요(시 121:4). 인간 아버지에게 해당하는 속성들이 하나님 아버지에게서 전부 나타나는 것이 아니에요.

지상에 가족이 있듯이 우리들의 영원한 집인 하늘에도 영의 가족이 있는 것이며, 가족은 아버지와 자녀로만 구성되지 않고 가족들의 구심점 역할을 하는 어머니가 반드시 있는 것처럼 천국에도 우리 영의 어머니가 계신다는 주장은 하나님을 아버지로 비유한 것의 참된 의미를 왜곡하는 주장일 뿐이죠. 가족에는 아버지와 자녀로만 구성된 것이 아니라 반드시 어머니도 있어야 한다면, 그럼 할아버지 하나님도 할머니 하나님도 있고 손자 하나님과 손녀 하나님도 있다고 생각해야 할까요? 한 마디로 엉터리 주장이에요. 더구나 그 어머니 하나님을 어떤 한국 사람이라고 말하는 것은 더더욱 잘못이죠. 설사 백번 양보해서 어머니 하나님이 계시다고 한다 해도, 왜 그 어떤 한국 사람이 그 어머니 하나님일까요?

성경 전체의 가르침은 하나님께서 성부, 성자, 성령 하나님으로 존재한다고 해요. 이걸 삼위일체(三位一體)라고 하죠. 하지만 어머니 하나님에 대해서는 결코 언급하거나 암시하지도 않아요.

물론 하나님이 남자의 성(性)을 가지고 계신 것은 아니에요. 남성 중심의 사회였던 유대 사회에서 하나님을 나타낼 때 그냥 아버지라고 표현했지만, 그렇기 때문에 하나님을 남성으로 이해하면 큰 오산이에요. 하나님은 우리들의 부모님처럼 우리를 사랑하시는 분이에요. 그런 의미에서 아버지 하나님으로 부르는 거에요.

4

하나님의 뜻과 나의 욕심을
어떻게 구분할 수 있나요?

? 무엇인가를 선택하거나 결정할 때, 이것이 과연 나의 욕심인지 하나님께서 원하시는 뜻인지 어떻게 구분하고 판단할 수 있나요? 저의 교회 봉사가 하나님께서 기뻐하시는 일인지 어떻게 알 수 있나요? 그분의 뜻과 생각을 어찌 가늠할 수 있을까요? 제 열심으로 모든 걸 하는 건 아닐지 가끔 두렵습니다.

아주 중요한 질문이네요. 하나님의 뜻을 앞세우지만, 사실은 그 뒤에 자신들의 욕심을 숨겨놓는 경우가 많아요. 예를 들어서, 교회가 성장하고 부흥하는 것은 하나님께서 기뻐하시는 뜻인 것처럼 보이지만 사실은 그러한 성장과 부흥을 통해서 자기 자신을 드러내고 인정받으려는 욕구가 숨어 있을 수 있어요. 그래서 팀 켈러 목사님은 『내가 만든 신』이란 책에서 기독교 사역에서 성공하는 것도 우상이 될 수 있다고 경고하고 있죠.* 따라서 과연 이것이 나의 욕심인지 진정으로 하나님께서 기뻐하시는 뜻인지를 구별하는 것은 아주 중요해요.

하지만 나의 마음에 기쁨이 넘친다고 해서 모두 욕심에서 비롯된 것이라고 할 수도 없어요. 우리의 마음은 하나님의 일을 할 때 기쁨이 넘치게 되어 있기 때문이죠. 또한, 하나님께서는 우리들의 마음에 소원을 두고 행하게 하시기 때문이죠(빌 2:13). 따라서 내 마음이 기쁜 것을 죄악시하거나 잘못되었다고 할 필요는 없어요.

---

* 팀 켈러, 『내가 만든 신』(두란노, 2017), 23.

매 순간 우리는 하나님 앞에서 자신을 돌아보는 훈련을 해야 해요. 하나님의 뜻대로 시작한 것이라 할지라도 사탄은 우리를 유혹하여 나의 욕심으로 바꾸어버리기 때문이죠. 이러한 위험으로부터 자유로운 분야는 하나도 없어요. 모든 것이 다 나의 욕심으로 변질될 가능성이 커요.

무엇보다도 하나님의 뜻은 성경 66권에 분명하게 드러나 있어요. 그래서 하나님께서 기뻐하시는 것이 무엇인지 늘 말씀을 읽고 묵상하면서 분별해야 해요. 하나님의 마음이 무엇인지 살펴야 하죠. 하나님께서 제사를 드리라고 하셨으니까 제사만 드리기만 하면 되는 것이 아니에요. 제사를 드리라고 하신 이유를 먼저 묵상해야 해요. 그것은 바로 삶을 바꾸고 회개하라는 의미에서였어요. 하나님께서 진정으로 원하시는 것은 상한 심령이었어요(시 51:17). 하지만 유대인들은 그러한 하나님의 의도를 무시한 채 그냥 제사를 드리기만 하면 되는 줄 알았어요. 그리고 제사를 드리고 나가서는 여전히 죄를 반복했어요. 에휴.

바리새인들도 마찬가지였어요. 바리새인들은 정결법을 지

키고, 음식을 가려서 먹고, 손을 씻었고, 금식과 구제와 기도를 철저히 했고, 안식일을 잘 지켰어요. 하지만 하나님께서 진정으로 원하신 것은 정의와 자비와 믿음이었어요(마 23:23). 그들은 하나님의 뜻을 오해했던 것이죠. 그래서 우리는 항상 하나님의 말씀을 묵상하면서 하나님께서 진정으로 원하시는 것이 무엇인지 살펴야 해요.

그 가운데 가장 중요한 기준이 있다면, 이것이 과연 나로 하여금 겸손하게 만드는가 아니면 교만하게 만드는가로 판단할 수 있을 거에요.

5

왜 하나님은 선악과를 만드셨나요?

? 아담과 하와가 선악과를 먹고 타락해서 에덴동산으로부터 쫓겨난 비극이 일어난 것이 너무나도 안타까운 일인데요. 왜 하나님은 선악과를 만들어서 그런 결과를 가져오게 했을까요? 아예 그런 나무를 만들지 않았더라면 타락할 일도 없었을 것 아닌가요?

하나님께서 왜 선악(善惡) 지식의 나무(the tree
of the knowledge of good and evil)를 에덴동
산에 만들어 놓으셨는지 성경은 그 이유를 기록하
고 있지 않아요. 나중에 천국에 가게 되면 하나님께 그 이
유를 물어볼 수 있을 거예요. 아니, 천국에 가서 하나님 앞
에 서는 그 순간 우리는 그 이유를 밝히 알게 될 거예요.
그리고 하나님의 오묘하신 섭리와 은총에 감탄하며 찬양하
게 될 거예요.

하지만 현재로서는 왜 하나님께서 그렇게 하셨는지 설명
하기 어려워요. 우리의 제한된 머리로는 크신 하나님의 섭
리와 뜻을 온전히 이해하기 어렵거든요.

다만 성경 전체에서 가르쳐주시는 교훈을 통해서 다음과
같이 추측하면서 대답할 수 있을 거예요. 첫째, 에덴동산 중
앙에 그 나무를 자라게 하신 것은 하나님께서 아담과 하와
를 미혹하여서 넘어지게 하려는 목적은 아니었을 거예요.
하나님께서는 아무도 시험하지 않으시기 때문에(즉 미혹하
여 넘어뜨리려 하지 않기 때문에) 하나님 때문에 내가 죄를

짓게 되었다고 핑계하지 말라고 성경에서 가르치고 있거든요(약 1:13). 그러므로 하나님께서 선악을 알게 하는 나무를 에덴동산에 주신 것은 아담과 하와를 넘어뜨리기 위한 목적으로 주신 것이 아니라고 확신할 수 있어요.

둘째, 하나님께서 그 나무를 에덴동산 중앙에 주신 것은 영적인 유익(spiritual benefit)을 위해서일 거예요. 하나님께서 주시는 모든 것들은 그 어느 것도 악한 것이 없고 사실은 우리의 영적인 유익을 위한 선물이지요. 심지어 우리가 만나는 고통도 하나님께서 우리의 영적인 유익을 위하여 주시는 거예요. 그래서 바울 사도는 불치의 병을 앓으면서도 그것이 하나님의 은혜임을 고백할 수 있었어요(고후 12:9-10). 하나님께서 주시는 것은 그 어떤 것이라 할지라도 우리의 유익을 위한 거예요. 마치 바이러스를 내 몸속에 넣는다 할지라도 궁극적으로 우리의 면역력을 높이기 위한 목적을 지닌 예방주사처럼 말이에요.

그럼 하나님께서 의도하신 그 영적인 유익은 무엇일까요? 사실 우리로서는 그것을 정확하게 이해하기는 어려워요. 결국, 선악과로 인하여 아담과 하와는 타락하게 되었고 인류는 엄청난 고난을 겪어야만 했으니까요. 영적인 유익보다는 해악이 더 컸던 것처럼 느껴지니까요. 아마도 예방주사를 맞을 때 아픔을 어린 꼬마 아이가 이해할 수 없는 것에 비유할 수 있을까요? 아마도 이 문제는 하나님 앞에 설 때야 비로소 해결될 수 있을 거예요.

그런데 이렇게 설명할 수 있어요. 하나님 외에는 다른 존재를 사랑할 수 있는 옵션이 전혀 없는 상태에서 하나님만 사랑한다면 그 사랑이 참된 사랑일까요? 참된 사랑은 그 사랑을 선택하지 않을 자유가 있을 때라야 증명될 수 있어요. 참된 사랑은 그 사랑을 선택하지 않을 수 있는 상태에서도 그 사랑을 선택하는 것이죠. 마치 하나님의 사랑처럼 말이에요. 하나님은 우리를 사랑할 필요가 전혀 없었어요. 우리는 하나님의 사랑을 받을만한 아무런 자격이 없었기 때문이죠. 마치 남편을 버리고 창녀가 되어버린 고멜과 같아요. 우리는 죄를 짓고 하나님을 배반하며 살았어요. 그런데 하나님은 그런 우리를 사랑하셨고, 우리를 구원하시기 위하여 하나밖에 없는 아들을 우리를 위해 십자가에 내어주셨어요. 그래서 하나님의 사랑이 참된 거예요. 이와 마찬가지로 우리가 하나님을 사랑하지 않을 자유가 있음에도 불구하고 하나님을 사랑할 수 있어야 그 사랑이 참된 사랑일 거예요. 선악과는 우리가 하나님을 진정으로 사랑하는지를 보여주는 것이에요. 하나님을 사랑하기 때문에 선악과의 유혹을 거부할 때에야 비로소 하나님을 진정으로 사랑하는 것이 증명될 수 있었어요.

하나님은 전능하신 하나님이시기에 하나님의 능력으로 우리가 하나님을 사랑하도록 강제할 수 있었어요. 그 옛날 임금들이 자신이 원하는 사람을 자기 마음대로 불러들여 후궁으로 간택할 수 있었던 것 이상으로 하나님은 강제적으로 우리가 하나님만을 사랑하게 만들려면 만들 수도 있었죠. 하지만 하나님은 우리에게 자유의지를 주셨어요. 그래서 하나님을 선택하지 않아도 되는 상황 속에서 하나님을 선택하는 것을 기다리셨어요. 마치 임금이 하녀 앞에 무릎을 꿇고 그 하녀의 사랑을 구걸하는 것처럼 말이에요. 그런 의미에서 선악과는 우리의 하나님에 대한 사랑이 우리의 자유스러운 선택임을 보여주는 도구였을 거예요.

아쉽게도 아담과 하와는 거기서 실패했어요. 하나님이 차지해야 할 그들의 마음에 선악과를 향한 탐욕이 자리를 잡았거든요. 사실 에덴동산에는 선악과만 있었던 것이 아니고, 생명의 나무도 있었어요. 아니 선악과 외에 그 모든 것들이 다 하나님께서 허락하신 것들이었어요. 그런 점에서 왜 선악과나무가 거기에 있었는가를 질문하는 것은 옳지 않아요. 사실 하나님은 선악과라는 금단의 나무보다 허락된 나무들을 수천만 배나 아니 수억만 배나 더 많이 주셨기 때문이에요. 그런데 아담과 하와는 선악과를 선택했다는 것이 정말 아쉬운 일이에요.

6

지구가 만들어진 게
6천 년 정도밖에 안 되나요?

 성경의 역사를 계산해보면 지구가 창조된

것이 약 6천 년 전의 일인 것 같은데, 이

것은 과학적 증거와 맞지 않은 것 같아요.

1650년에 제임스 어셔(James Ussher) 주교는 구

약성경에 기록된 족보들을 모두 계산하고 이집트

와 히브리 문서들을 모두 연구하여 하나님께서 천

지를 창조하신 것은 BC 4004년이라고 계산해내었어요. 더욱 놀라운 것은 날짜까지도 정확하게 계산해내었는데, 10월 23일이 되기 전 저녁이라고 발표했어요. 오늘날 계산법으로 하면 그 날이 10월 22일 저녁이겠지만, 히브리식으로 하면 전날 저녁부터 하루가 시작되니까 이렇게 발표한 것 같아요. 그러니까 지구는 약 6천 년 정도 되었다고 한 것이죠.

하지만 다르게 계산한 사람들도 있어요. 17세기 물리학자였던 아이작 뉴턴(Isaac Newton)은 BC 3998년에 지구가 만들어졌다고 했고, 8세기의 수사였던 베데(Bede)는 BC 3952년에 지구가 만들어졌다고 계산하기도 했어요.

하지만 이러한 계산은 정확한 계산이라고 할 수 없어요. 6천 년이라는 연대는 그들의 주장이며 생각일 뿐이지, 성경에서 가르치고 있는 내용은 아니에요. 사실 성경은 지구가 언제 창조되었는지를 분명하게 말해주지 않아요. 족보가 기록되어 있지만, 그 족보는 지구의 연대를 계산할 수 있을 만큼 충분하고 완벽한 족보가 아니에요. 성경은 모든 계보의 사람들을 하나도 빠짐없이 기록하고 있는 것이 아니라,

간헐적으로 기록하고 있기 때문이죠. 따라서 성경을 통해서 지구의 나이를 계산해내려는 시도는 처음부터 잘못된 거예요.

오늘날의 과학자들은 지구가 적어도 46억 년 전에 탄생하였을 것이라고 하죠. 크리스천 중에서도 이러한 과학적 견해에 동조하는 이들이 늘어나고 있어요. 이러한 계산은 무에서부터의 "유아 상태의 우주"가 탄생했을 것이라는 전제 위에서 가능한 것이죠. 하지만 하나님께서 천지를 창조하셨을 때, 유아 상태의 우주가 아니라 이미 성년 상태의 우주로 창조하셨다면 동위원소 연대 측정법으로의 연대 계산이 무의미해질 수 있어요. 달에 떨어져 있는 운석의 나이를 측정해보면 46억 년이라고 계산하게 되는데, 이런 계산은 운석이 유아 상태에서 떨어졌다고 전제할 때에야 가능한 계산이죠. 사실 우주의 나이는 알 수 없어요. 최초의 상태가 어떤 상태였는지를 알 수 없기 때문이죠. 태어날 때 몇 센티미터의 신장이었는가를 알면, 태어난 후에 얼마나 더 컸는가를 알 수 있지만, 태어날 때의 신장을 전혀 알 수 없는 생물체의 경우에는 얼마나 컸는지 알 수 없는 것과 마찬가지예요. 우리는 우주의 최초 상태가 어떠했는지에 대해서 그 누구도 자신 있게 말할 수 없으므로 지구의 나이를 논하는 것이 불가능해요.

지구의 연대는 성경적으로도 과학적으로도 정확하게 말할 수 없어요. 그런데 서로 정확하지 않은 연대를 가지고 싸우는 것은 어리석은 일일 거예요. 우리는 마음을 열어놓아야 해요. 지구가 수십억 년 전에 만들어졌을 것이라고 하는 과학자들의 대답에도 열어놓아야 해요. 또한, 지구가 이미 성년의 상태로 하나님께서 창조하셨을 수 있다는 가능성에 과학자들도 마음을 열어야 해요. 우리는 그 누구도 확신을 가지고 대답할 수 없으니까요.

지구의 연대가 어떠하든 하나님께서 창조하셨다는 것만큼은 분명하죠. 아무것도 없던 상태에서 우리가 살 수 있는 현재와 같은 지구가 탄생하는 것은 결코 우연(偶然)으로 이루어질 수 없기 때문이에요. 휴대폰에 들어가는 제품들을 모두 한곳에 모아놓고 수십억 년을 기다리다 보면, 최첨단

휴대폰으로 저절로 조립될 가능성이 있을까요? 인체를 구성하는 모든 유기물질을 한 자리에 모아놓고 수십억 년을 기다리면 저절로 생명체가 탄생할 수 있을까요?

무(無)에서부터 우연히 어쩌다 보니까 현재의 지구와 같이 모든 생물이 살 수 있는 지구가 탄생할 가능성은 없어요. 그래서 누군가 이 세상을 창조했다고 보아야 하죠. 물론 그 시기가 언제인지는 알 수 없지만 말이에요.

7

공룡도 하나님께서 만드셨나요?

성경에는 왜 공룡에 관한 이야기가 기록되어 있지 않나요? 이런 공룡들도 하나님께서 창조하셨나요?

 공룡이라는 것은 상상 속의 짐승이에요. 지금까지 발견된 여러 뼛조각을 가지고 상상으로 어떤 모양의 공룡이 있었을 것으로 추측해낸 거예요. 그렇게 탄생한 공룡의 종류만 해도 참으로 많은데요. 그런 모양의 공룡들이 실제로 과거에 존재했었는지는 알 수 없어요.

그러므로 "만일 정말로 그런 공룡이 존재했었다면"이라는 가정에 따라 이 문제에 대한 답을 해야 할 것 같아요. 그런 공룡들이 한때 존재했었지만 지금은 다 멸종해 버렸다고 하면, 그 공룡들도 하나님께서 창조하셨으리라 추측하는 것이 옳을 거예요. 어떤 사람들은 성경에 나오는 리워야단(levia-than)이 바로 공룡을 가리키는 것으로 추측하기도 하죠(욥 3:8; 41:1; 시 74:14; 104:26; 사 27:1). 하지만 이 모든 것들은 추측일 뿐이에요. 공룡이 실제로 지구상에 존재했었을 것이라고 하는 것도 추측일 뿐이고, 그런 공룡이 성경에 기록되어 있을 것이라는 것도 추측일 뿐이에요.

8

부모님의 서원 기도 때문에
제가 꼭 목회자의 길로 가야 하나요?

? 저는 부모님께서 저를 목회자로 바치겠다는 서
원을 드린 후에 태어났다고 합니다. 하지만
아무리 생각해도 저는 목회자가 될 그릇은 아닌 것
같습니다. 사업을 하면서 할 수 있는 대로 주님께
충성하려고 하지만, 목회자의 길로 가지 않은 것이
마음속에 영 찜찜합니다. 과연 부모님께서 하나님
께 서원한 대로 제가 목회자의 길로 가야 할까요?

간단하게 답하면, 부모님께서 서원 기도를 했다고 해서 반드시 그 서원대로 해야만 하는 것은 아니에요.

물론 성경을 보면 하나님 나라에 합한 사람은 마음에 서원한 것은 해로울지라도 변하지 않는 사람이라고 기록하고 있어요(시 15:4). 즉 어떠한 손해가 있다 하더라도, 한번 서원한 것은 반드시 지키는 것이 바른 신앙인의 태도라 할 수 있죠. 그리고 성경에는 서원대로 반드시 행했던 신실한 성도들의 이야기들이 기록되어 있어요. 예를 들어, 바울 사도도 나실인의 서원을 했고, 그 서원대로 나실인의 규정을 철저하게 다 지켰어요(행 18:18).

그런데 만일 서원을 한 것이 하나님의 뜻에 맞지 않을 경우에는 어떻게 해야 할까요? 그럴 때에도 내가 서원했기 때문에 그대로 밀어붙이는 것이 옳을까요? 서원했을 때 그 서원을 지켜야 하는 것은 그 서원이 하나님의 뜻에 맞을 때에요. 하나님께서 원하지 않는 잘못된 서원을 했다면, 그 서원대로 무조건 밀어붙이는 것은 잘못이에요.

예를 들어, 사사 입다는 잘못되고 섣부른 서원을 했어요.
그리고 그 잘못된 서원 때문에 자신의 딸을 죽이는 죄악을
저지르고 말았어요. 하나님께서는 사람을 죽여서 번제를 바
치는 것을 원하지 않으시는 분임을 알았더라면, 무고한 희
생을 하지 않았을 것이죠. 하지만 사사기 시대는 영적 암흑
의 시대였고, 하나님의 뜻이 무엇인지 분별하기보다는 자신
의 소견에 좋은 대로 행하던 시대였어요(삿 21:25). 신앙의
이름으로 오히려 악을 행하던 시기였죠. 입다는 자신의 섣
부르고 잘못된 서원을 회개하고 하나님 앞에 엎드렸었어야
했어요.

서원을 했지만 잘못된 서원이었기 때문에 그 서원을 지키
지 않았던 경우가 성경에 기록되어 있어요. 사무엘상 14장
에 보면, 사울 왕은 하나님께서 기도에 응답하지 않은 것은
이스라엘에 죄가 있기 때문이라 생각했고, 그 죄인을 처형
할 것이라고 하나님 앞에서 맹세한 적이 있어요(삼상 14:
39). 설사 그 죄인이 요나단이라고 밝혀진다 하더라도 말이
죠. 그런데 제비뽑기를 했더니 정말 요나단이 범인으로 뽑

히게 되었어요(삼상 14:42). 그러자 사울 왕은 자신이 맹세한 대로 요나단을 죽이려고 했어요. 하지만 모든 백성이 나서서 요나단을 죽이지 못하게 했어요. 그들은 요나단에게 죄가 없다는 것을 알았거든요. 결국, 사울은 요나단을 죽이지 않았어요. 자신이 했던 서원을 지키지 않은 것이죠. 하지만 이 때문에 하나님으로부터 사울 왕이 처벌을 받았다는 기록은 없어요. 사실 그것은 잘못된 서원이었고 잘못된 제비뽑기였기 때문이었던 것이죠.

우리는 종종 잘못된 서원을 해요. 자녀를 목회자로 바치겠다는 서원도 그 가운데 하나에요. 목회자가 되는 것은 그저 부모의 욕심에 따라 할 것이 아니잖아요? 과연 그 사람이 목회자가 될만한 은사가 있는지가 중요하죠. 목회자가 되기 위해서는 하나님께서 자신을 목회자로 부르셨다는 내적소명(內的召命)이 있어야 할 뿐만 아니라, 다른 사람들로부터도 그리고 여러 가지 조건들을 통하여 확인될 수 있는 외적소명(外的召命)이 동반되어야 하죠. 자신이 어떤 여성과 결혼하기를 하나님께서 원하시는 것 같다는 내적인 확신이 든다고 하여서 그 여성과 결혼할 수는 없는 것과 마찬가지예요. 결혼하려면 그 상대 여성으로부터의 동의도 얻어야 하는 것처럼, 목회자가 되겠다고 하는 서원을 하는 것과 같은 내적소명만으로는 목회자의 길로 가야 할 이유가 될 수 없어요.

그런데 안타깝게도 부모들은 그저 자신들의 욕심에 따라 (신앙으로 표현되지만, 사실은 일종의 욕심일 수 있어요) 자녀를 목회자로 바치겠다는 섣부른 서원을 하곤 합니다. 일반 평신도로 있으면서 세상적인(secular) 일을 하는 것보다, 목회자가 되어 거룩한(sacred) 일을 하는 것이 훨씬 더 고귀하고 가치 있는 것이라고 생각하는 비성경적인 세계관에 근거해서 말이죠.

목사가 되는 것만큼 아니 그 이상으로, 세상적인 일을 하는 것도 하나님께서 기뻐하시는 일이라는 성경적 관점을 회복하는 것이 시급해요. 사실 성경은 어떤 직업을 가지는가보다 어떻게 사는가를 더 중요하게 봅니다. 그래서 제사장이라는 성직을 가졌지만 하나님 앞에서 신실하지 못했던 홉니와 비느하스는 결코 거룩한 자들이었다고 할 수 없는 반면, 왕이라는 세속적 직업을 가졌지만 다윗은 성실하게 왕의 직무를 다함으로써 하나님을 기쁘시게 할 수 있었던 것이죠. 그런데 잘못된 세계관을 가지고 섣부르게 목회자로 자녀를 바치겠다고 서원하고 그것이 올무가 되어 아무런 사명감도 없이 목회자의 길로 들어선다면 그것은 한국교회에 재앙이 될 것이에요.

앞으로 무슨 일이 벌어질지 전혀 알 수도 없는 인생인데도(약 4:14), 무작정 서원하는 것은 옳지 않아요. 예수님께서는 함부로 서원하는 것을 금하시기도 하셨어요(마 5:33-37). 그런 의미에서 자녀를 목회자로 바치겠다고 하는 부모의 서원은 한편으로 섣부른 것이며 더 나아가 월권적이죠. 자녀의 인생은 자녀에게 있는 것이지 부모에게 있는 것이 아님에도 불구하고 마치 자녀가 자신의 소유물인 양 목회자로 바치겠다고 서원하는 것은 바람직하지 않아요. 부모가 할 수 있는 바른 서원이란 자녀가 목회자가 되기로 결단한다면 반대하지 않고 적극적인 후원자가 되겠다는 서원일 뿐이에요. 자녀가 목회자의 길로 가는 여부는 부모가 강제할 것도 아니고, 서원이라는 정신적인 굴레를 씌워 자녀의 삶을 제대로 된 고민이 없이 목회자의 길로 가게 할 것도 아니에요.

한나는 자기 아들인 사무엘을 그의 평생에 하나님께 바치겠다는 서원을 했고(삼상 1:11), 정말로 자신의 서원대로 젖을 떼게 될 때 제사장 엘리에게로 데리고 가서 성전에서 자라게 한 적이 있어요(삼상 1:28). 그리고 그 사무엘은 하나님께서 사용하신 위대한 선지자가 되었어요. 하지만 한나의 경우가 모든 사람이 따라야 하는 하나의 공식일 수는 없어요. 사무엘이라는 선한 결과가 나타난 것은 하나님의 주권적인 역사하심의 결과였기 때문이죠. 오늘날에도 수많은 목회자들이 이와 비슷하게 부모의 서원에 따라 목회자가 되었고, 선한 결과를 가져온 경우들도 많아요. 이것 역시 하나님의 주권적인 역사로 인하여 좋은 결과가 빚어진 것이라 할수 있어요. 하지만 정반대로 좋지 않은 결과를 가져오기도했어요. 선한 결과는 오로지 하나님의 주권에 달린 것이지,

목회자로 바치기로 서원해서 그대로 한 그 형식에 달린 것이 아니에요.

목회자로 삶을 바치겠다고 서원을 하였는데, 그 길로 가지 않은 사람들은 불행한 일이 일어나거나 사고가 생길 때마다 서원을 지키지 않아서 그런 일들이 생기는 것은 아닌지 불안해하곤 하죠. 물론 하나님께서는 이런 사건들을 통하여 우리에게 경고하실 수도 있어요. 하지만 반드시 그런 것은 아니에요. 사실 하나님을 그런 식으로 이해하는 것은 성경적인 관점이 아니에요. 그건 미신적인 관점일 뿐이에요. 하나님은 우리가 잘 모르고 잘못 서원한 것을 충분히 이해하시는 분이에요. 하나님은 우리를 사랑하시는 아버지와 같은 분이시니까요. 우리가 섣불리 잘못된 서원을 했다면 그러한 사실을 고백하면서 용서를 구해야 해요. 그러면 하나님은 신실하신 분이시기에 우리를 용서해주실 것이에요(요일 1:9).

우리가 잘못 기도할 때 하나님은 우리가 기도한 잘못된 기도대로 응답하시는 것이 아니라 우리가 미처 구하지 못한 더 좋은 것으로 응답해 주시는 것처럼, 우리가 잘못 서원한 것을 충분히 이해하시고 다른 길로 주님을 섬기는 모습에 축복으로 함께 하실 것이에요.

만일 오래전에 자녀에 대하여 잘못된 생각으로 서원을 하였다면, 이제 하나님께 다시 기도하는 것이 좋습니다. "하나님, 예전에는 잘 모르고 자녀를 목회자로 바치겠다고 서원했습니다. 그게 하나님의 뜻이 아닐 수 있음을 알았습니다. 오히려 하나님께서는 무엇이 되는가보다 어떻게 사는 것을 더 중요하게 보심을 알았습니다. 하나님께서 자녀를 어떤 길로 인도하시든지 신실하게 하나님 앞에서 살 수 있도록, 최선을 다하여 무엇을 하든지 하나님께 영광을 돌리는 자가 되게 하여 주옵소서. 주님, 여전히 제 마음은 하나님께 열려 있습니다. 주님의 뜻이라면 무엇이든지 그대로 이루어지기를 원합니다. 만일 하나님께서 지금이라도 내적소명과 외적소명을 통하여 제 자녀를 목회자로 부르신다면, 저는 주님의 뜻이 이루어지는 것을 기뻐하며 받아들입니다. 내 뜻대로 마옵시고, 주님의 뜻대로 하옵소서."

그리고 정말 자녀가 목회자가 되기를 원한다면, 부모의 서원 때문에 억지로 그 길을 가기보다는 그 자녀 스스로 하나님의 은혜를 발견하고 주를 위하여 온전히 헌신하려는 마음과 뜨거운 열정이 생겨나서 그 길을 걸어갈 수 있도록 기도하는 것이 옳을 것이에요.

만일 어떤 고통 가운데서 기도하는 가운데 스스로 자신의 은사를 확인하지도 않고 성급하게 목사가 되기로 서원하였다면, 이제라도 다시 하나님께 기도할 수 있으면 좋겠어요. "하나님, 예전에 제가 성급하게 기도하였습니다. 그때 다급해서 제가 과연 하나님께서 어떤 길로 가기를 원하시는지 세심하게 하나님의 음성에 귀를 기울이지 않은 채 제 욕심을 채우고자 서원을 했습니다. 이기적이고 욕심으로 가득 찬 저를 용서하여 주옵소서. 여전히 하나님께서 저를 목사의 길로 가기를 원하신다면 제게 확실한 내적소명과 외적소명을 보여주시옵소서. 그러나 만일 주님의 뜻이 아니라면, 하나님께서 제게 어떤 길로 인도하시든지 신실하게 주님께 영광을 돌리며 사는 자가 되게 하여 주옵소서."

진지한 고민도 없이 단지 서원을 하였고 그 서원을 이루어야 한다는 생각으로 신학교의 문을 두드리는 자가 없었으면 좋겠어요. 신실함이 없이 그저 제사장 가문에서 태어나 제사장이 된 홉니와 비느하스가 결국 제사를 폄훼하였던 것처럼, 그저 목사의 가문에서 태어났기 때문에 혹은 부모님의 서원 때문에 목사가 되어 한국교회의 타락을 부추기는 자들이 되지 않았으면 좋겠어요. 하나님은 내가 무엇이 되는가보다 어떻게 사는가를 더 중요하게 보시기 때문이죠.

서원을 할 때 항상 올바른 서원만을 할 수 없는 것이 연약한 우리의 한계예요. 우리가 기도를 할 때 항상 정답만을 기도할 수 없고, 그때그때 간절한 우리의 마음의 소원을 하나님께 아뢰는 것이지만, 무엇이 하나님의 뜻인지 깨닫게 되면서 우리의 기도가 달라지듯이, 우리가 하나님의 뜻을 깨달으면서 우리의 서원도 달라질 수 있을 것이에요. 하나님께서 원하시지 않는 서원이라면 과감하게 하나님의 뜻에 맞게 서원을 바꾸어야 해요.

"그 마음에 서원한 것은 해로울지라도 변치 아니하며"(시편15:4)라고 한 것은 우리의 이기적인 욕심으로 서원을 변개하는 것에 대한 반대의 말씀이에요. 하나님께서 원하시는 것이 무엇인지를 발견하면서 더 큰 서원으로 바꾸어 헌신하는 것은 하나님께서 기뻐하실 거예요.

9

기도의 능력이 있다는 권사님에게
기도를 받으러 가는 것이 좋을까요?

언니에게 가면 늘 어떤 권사님에게 기도를 받으러 가자고 합니다. 그런데 그런 것은 꼭 점치러 가는 것 같은 기분이 듭니다. 굳이 그렇게 어떤 곳에 가서 기도를 받아야 하는지요?

구약시대에는 사람들이 하나님께 직접 나아갈 수 없었어요. 죄가 하나님과 사람들 사이를 가로막고 있었기 때문이었죠. 그래서 사람들은 하나님께 나아갈 필요가 있을 때, 제사장에게로 갔어요. 그러면 제사장은 그런 사람들을 대신하여 하나님께 제사를 드려주었던 것이죠. 제사장은 하나님의 은총을 받게 하는 통로의 역할을 했던 거예요.

하지만 예수님께서 영원한 대제사장이 되어 우리를 위하여 십자가에서 피를 흘려주심으로써 우리의 죄를 모두 용서받게 되었어요. 그래서 하나님과 우리 사이에 놓인 죄의 장애물이 없어지게 되었죠. 따라서 이제는 누구든지 하나님께 "직접" 나아갈 수 있게 되었어요. 더 이상 하나님께 나아가는데 영매(靈媒) 역할을 할 사람이 필요 없게 된 거죠. 그래서 성경은 우리가 직접 하나님께 나아갈 것을 권고하고 있어요(히 10:22). 우리가 기도하면 하나님께서는 응답하시겠다고 약속해주셨어요(마 7:7-8; 요일 5:14-15). 우리는 하나님의 자녀이고 하나님은 우리의 영적인 아버지가 되시거든요.

예수 그리스도를 믿고 영접하는 자마다 하나님의 자녀가 되는 권세가 주어졌어요(요 1:12). 자녀는 자신이 필요한 것

을 자신의 아버지에게 직접 말할 수 있어요. 그러면 아버지
는 자녀들의 요청을 직접 들어주죠.

따라서 우리가 다른 사람을 통해서 하나님께 기도할 필요
가 없어요. 아버지 되신 하나님께서 직접 우리의 기도를 들
어주시는데, 왜 우리가 다른 사람의 기도의 도움을 받아야
할까요? 소위 기도의 응답이 많다고 알려진 사람들에게 찾
아가 기도를 받는 것은 어리석은 일이에요. 그리고 그것은
아주 위험한 일이에요. 우리가 영적으로 착취당할 위험에
우리 자신을 내어주는 셈이니까요.

사실 우리 주변에는 마치 하나님으로부터 많은 응답을 받
았다고 과대하게 포장하여 광고하고 그래서 어떤 기도의 능
력을 보유한 것처럼 선전하는 사람들이 많이 있어요. 어떤
사람들은 기도에 관한 책을 써서 마치 자신이 기도를 많이
하는 사람이며 그래서 그런 기도에 놀라운 응답을 많이 받
았다고 선전하기도 하죠. 그리고 기도하는 가운데 하나님께
서 일러주셔서 여러 가지 문제들을 해결할 수 있었다고 선
전하기도 해요. 그러면 수많은 사람이 그 사람 주변으로 몰

려들어서 기도를 받고 싶어 하죠. 마치 갓바위가 효험이 있다고 소문이 나서, 입시 철만 되면 전국에서 그 갓바위에 몰려와 소원을 비는 것처럼 말이에요.

결국, 그 사람은 마치 하나님의 대리자나 되는 것처럼 행세하면서 다른 사람들을 영적으로 착취하게 돼요. 기도의 응답이 간절한 사람들에게는 그런 사람들이 대단해 보이고 그들에게 찾아가 기도라도 받고 싶은 생각이 간절할 거예요. 지푸라기라도 잡고 싶은 마음이 누구에게나 있으니까요. 하지만 그런 사람들에게 속아 넘어가서는 안 돼요. 그분들이 정통 교단에 속한 목회자라 할지라도 말이에요.

사실 그런 사람들은 성경에서 권고하고 있는 권고를 무시하는 사람들이죠. 성도는 자신의 약한 것을 자랑해야 해요 (고후 11:30). 그래야 예수님께서 이 세상에 오신 것을 증거할 수 있기 때문이죠. 그런데 성경의 권고와는 달리 자신을 드러내고 자랑을 일삼는 목회자나 장로나 권사에게 가서 머리를 내밀고 기도를 받겠다고 하는 것은 위험한 일이에요.

성경의 가르침은 분명해요. 누구든지 하나님 앞에 직접

나아가 기도하면 돼요. 그러면 하나님께서 응답하셔요. 의인의 간구는 역사하는 힘이 크다(약 5:16)는 말씀은 사람들 가운데 더 의로운 사람이 있고, 그래서 그런 더 의로운 사람들의 기도는 하나님께서 더 잘 응답하신다는 그런 의미가 아니에요. 의인의 간구는 역사하는 힘이 있기 때문에 우리가 우리의 죄를 회개하면서 기도해야 한다는 의미예요. 교회의 장로들을 청하여 기도할 것(약 5:14)을 권고하는 것은 장로들의 기도가 나의 기도보다 더 능력이 많기 때문이라기보다는 교회의 구성원으로서 함께 기도해야 하기 때문이고, 장로들이 찾아와 하나님의 말씀으로 권면하고 가르침으로써 우리가 회개하고 기도할 수 있도록 도와줄 수 있기 때문이에요.

기도의 응답은 누가 기도했는가에 달려있는 것이 아니에요. 어떻게 기도했는가에 달려있는 것이 아니에요. 기도의 응답은 전적으로 하나님에게 달려있어요. 하나님께서 사랑의 하나님이시기 때문에 응답하시는 거예요. 나보다 더 나은 위치에 있을 것 같은 사람들을 통해서 기도하면 더 잘 응답될 것으로 생각하는 것은 잘못된 생각이에요. 그래서 성경은 어떤 특출난 사람이 기도해야 한다고 가르치지 않고, 우리와 똑같은 성정을 가진 엘리야도 기도하니 응답받았다고 가르치고 있어요. 기도의 응답이 이루어진 것은 엘리야가 대단해서가 아니에요. 엘리야는 우리랑 똑같은 사람일 뿐이에요.

천주교에서는 성모 마리아나 성인들을 통하면 하나님께서 더 잘 응답해 주신다고 잘못 가르치고 있어요. 그런데 개신교에서도 천주교를 따라서 목회자나 어떤 은사가 주어진 사람들을 통하면 하나님의 응답이 더 잘 이루어질 것이라는 오해를 하는 경우가 많아요. 그런데 전혀 그렇지 않아요.

목회자에게 기도를 부탁하고 또 기도해주는 것을 바라는 것은 물론 장려할만한 일이죠. 목회자가 성도의 삶을 알아야 하고 그들을 위해 기도할 수 있어야 하기 때문이에요. 하지만 그것이 지나쳐서 마치 자신이 기도하면 응답이 잘 되지 않지만, 목회자가 기도하면 더 잘 응답될 것으로 생각하는 것은 옳지 않아요.

10

배우자를 위한 기도는
어떻게 해야 할까요?

? 배우자를 위한 기도는 가능한 한 빨리 시작
하는 게 좋으며, 어떤 배우자를 원하는지 구
체적으로 조목조목 기도하는 것이 중요하다는 말을 들었
습니다. 이렇게 기도한다면, 나중에 그런 기도 제목
가운데 어느 정도 맞아 떨어지면 그 사람이 하나님
께서 내게 예비하신 배우자라고 생각할 수 있을까
요?

우리나라의 통계에 의하면 3쌍이 결혼을 하면 그 가운데 한 쌍은 이혼한다고 해요. 참으로 안타까운 일이죠. 도대체 어떤 배우자와 결혼을 해야 행복하고 아름다운 가정을 이룰 수 있을까요? 이런 질문은 결혼을 앞둔 모든 사람의 고민일 거예요. 이에 대하여 어떤 크리스천 결혼 상담가는 잘못된 결혼을 하지 않기 위해서는 미리 결혼을 위해 기도해야 한다고 조언하죠. 그것도 구체적으로 조목조목 배우자에 대해서 기도하여야 한다고 해요.* 그렇게 기도할 때 정말 세밀한 것까지 하나님께서 응답해 주셨다는 사실을 발견하고 기쁨을 누릴 수 있다고 해요. 이러한 권고는 어쩌면 우리 크리스천들 사이에서 하나의 공식처럼 되어 있는 대답이죠.

또한, 배우자를 위한 구체적인 기도 제목을 놓고 기도했는데, 정말 하나님께서는 그런 기도에 응답해 주셔서 기도한 그대로 배우자를 만나게 되었다는 간증들도 우리 주위에

---

* 김정진, 금병달, 『연애 공식: 크리스천 연애 실용서』(두란노, 2006).

서 넘쳐나고 있어요. 예를 들어, 어떤 여성 탤런트는 "176cm 정도의 키에 속 쌍꺼풀이 있고 머리숱이 많은 남자. 온유하면서도 외향적인 성격의 남자. 운동을 좋아해서 나에게 운동을 가르쳐줄 수 있는 남자. 여행지 건축물을 보면서 역사와 건축 배경까지 얘기해줄 수 있는 남자"를 위해 기도했는데, 그 기도대로 이루어졌다고 해요.

그런데 왜 배우자를 위한 나의 기도에는 하나님께서 응답하지 않으시는 걸까요? 사실 그분의 기도대로 배우자를 만나게 된 것은 그 사람이 소위 특급 배우자감이었던 유명 여성 탤런트였기 때문일지도 몰라요.

하나님은 우리가 기도하면 우리가 기도한 그대로 기계적으로 응답해 주시는 분이 아니에요. 오히려 하나님은 우리를 우리 자신보다 더 잘 알고 계시고 우리의 생각을 능가하시는 전능하신 하나님이며, 우리를 사랑하시는 아버지와 같은 분이에요. 그래서 우리가 기도한 그대로 응답하기보다는 우리에게 가장 좋은 방법으로 응답해 주셔요. 내가 결혼할 배우자의 조건을 내걸고 기도하면서 그 조건에 딱 맞는 배우자를 하나님께서 주시기만을 기다리는 것은 문제가 있어요. 기도는 내가 원하는 것을 그대로 하나님에게서 받아내는 요술 방망이가 아니기 때문이지요.

우리는 기도하면서 하나님의 뜻을 알아가야 해요. 그래서 만일 우리의 기도 제목이 하나님의 뜻에 합당하지 않다면 우리의 기도 제목을 바꾸어야 해요. 나의 뜻이 이루어지도록 억지를 부릴 것이 아니라, 하나님의 뜻이 이루어지기를 위하여 기도해야 해요. 대체로 자신의 배우자를 위해서 기도하는 기도의 제목들은 이기적인 경우가 많아요. 행복의 관점을 이 세상의 물질이나 외모나 실력에 두는 잘못된 관점에서의 기도 제목일 때도 많죠. 물론 우리는 우리의 마음을 솔직하게 하나님께 기도할 수 있어요. 그러나 기도하면서 또한 성경을 묵상하면서 하나님의 마음을 알아가게 되면서 우리의 기도 제목을 바꾸어야 해요. 나의 이기적인 욕심을 채우는 기도 제목에서 하나님의 뜻을 구하는 기도의 제목으로요. 아마도 이기적인 생각으로 내걸었던 배우자 조건들은 대부분 수정되어야 해요. 바람직한 기도는 하나님께서 허락하시는 배우자라면 서로 합력하여 좋은 부부가 될 수 있도록 인내하며 아름다운 가정을 꾸밀 수 있는 마음을 위한 기도여야 하지요.

우리가 흔히 드리는 배우자를 위한 기도 제목들은 두 가지 커다란 오류를 전제하고 있어요. 하나는 마치 이 세상에 좋은 배우자가 있고 나쁜 배우자가 있다는 잘못된 전제이지요. 또 하나는 좋은 배우자만 만나면 결혼생활은 아무 문제가 없을 것이라는 환상이지요. 절대 그렇지 않아요. 이 세상에 좋은 배우자란 없어요. 성경에서 제시하는 인간은 철저하게 이기적이고 타락한 존재일 뿐이에요.

결혼이란 서로 부족한 사람들끼리 만나서 그 부족한 것들을 서로 채워주는 것이에요. 만일 사람이 완벽하다면, 결혼할 필요가 없었겠죠. 하지만 사람이 부족하기 때문에 배우자를 만들어서 돕는 배필로 주신 것이에요(창 2:18). 완벽한 배우자를 찾는 것은 이룰 수 없는 환상일 뿐이에요.

결혼생활의 성공은 좋은 배우자를 만나는 데 있지 않아요. 오히려 좋은 부부가 되기 위하여 부단한 노력을 하는

데 있어요. 그렇다면 어떤 배우자를 만나든지 내가 사랑하고 인내하며 좋은 가정을 꾸밀 수 있도록 힘을 달라고 기도하는 것이 훨씬 더 하나님의 뜻에 가까울 거예요. 결혼은 출발이지 종착점이 아니랍니다.

11

배우자를 선택할 때
무엇을 중요하게 보아야 할까요?

? 결혼을 하라는 엄마의 등쌀에 스트레스를 받는 30 중반의 자매입니다. 저는 믿음의 배우자를 찾고 싶지만, 부모님은 현실적인 조건들을 중요하게 생각하셔요. 살면서 돈도 중요하고 직업도 중요하지만, 주님 보시기에 좋은 사람을 찾는 게 더 중요하지 않나요? 신앙인이면서도 자녀가 편하게 살길 바란다는 부모님의 말씀에 혼란스럽습니다.

스트레스를 많이 받으시겠네요. 결혼하고 싶지 않아서 하지 않는 것이 아닐 텐데 말이죠. 기왕이면 다홍치마라고 믿음도 좋고 능력도 있고 매너도 좋고 대화도 잘 되고 잘생긴 배우자를 만날 수 있으면 좋겠지만, 그런 배우자는 찾기 힘들 것 같아요. 이미 그런 사람들은 이미 결혼을 해버렸을 가능성이 많거든요. 그래서 품절남, 품절녀라고 하죠. 이러한 상황에서 마음에 드는 멋진 배우자를 찾는 것은 쉽지 않은 것이고, 시간이 지나면 지날수록 더 많은 스트레스를 받게 될 것 같아요.

믿음을 가진 부모님인데도 능력 있는 사람을 만나라고 말씀하시는 것은 위선적으로 보일 수 있겠지만, 사실 부모님의 마음은 자녀를 사랑하기 때문에 해주시는 말씀이라고 생각해요. 그만큼 내 자녀가 고생하지 않았으면 좋겠다는 바람에서 하는 말이거든요. 하지만 그런 부모님의 생각은 완전히 잘못된 생각이에요. 결코 돈이 우리를 행복하게 만들어 주는 것이 아니기 때문이죠. 물론 돈이 많으면 편하기는 할 것이고, 돈이 많이 있으면 없는 것보다야 좋겠지만, 결코 행복은 돈이 가져다주는 것이 아니에요. 돈 없이도 충분히 행복할 수 있어요. 물론 돈이 쪼들릴 때 불편하고 그래서 불행하게 느껴질 수 있겠지만, 돈이 많아진다고 해서 행복해지는 것은 아니거든요.

결혼 연령기의 청년들은 아직 무엇인가를 이루어놓은 상태일 수 없어요. 이제 막 사회생활을 시작한 청년들이 무슨 돈을 모아놓았겠으며, 무슨 능력을 보여줄 기회가 있었겠어요? 아직 어설프고 모든 게 부족한 게 정상이고, 지금 돈이 없고 힘들게 사는 것은 당연한 거예요. 하지만 나중에 어떻게 될지는 아무도 몰라요.

그러니까 현실적인 조건이나 능력을 기준으로 배우자를 고르라는 말은 "너 결혼하지 말고 혼자 살아"라고 말하는 것이나 다름없어요. 그런 능력을 보여줄 수 있는 청년은 아직 없거든요.

그러면 좋은 믿음의 청년을 찾는 것이 바람직할까요? 안타깝게도 그것도 좋은 기준이 아니에요. 청년이 믿음이 있으면 얼마나 있겠어요? 술 담배 안 하고, 교회를 출석하고 있으면 좋은 믿음일까요? 아니에요. 아직 시련을 겪어보지 않고 세상의 경험도 일천한 사람들이 믿음이 있으면 얼마나 있겠어요? 그 믿음이 진짜 믿음인지 무엇을 보고 알겠어요? 돈도 차차 벌어가는 것이지만, 믿음도 차차 성장해가는 것이에요. 결혼 전에 어떤 상태였는가보다, 결혼 후가 훨씬 더 중요해요. 그리고 그건 부부가 함께 만들어 가는 거예요.

사실 가장 좋은 배우자라는 것은 없어요. 그건 미신적인 개념일 뿐이에요. 미신의 시스템 속에서는 좋은 배우자가 있고 나쁜 배우자가 있어요. 그래서 좋은 배우자를 만나면 결혼생활이 행복해질 것이지만, 나쁜 배우자를 만나면 결혼생활이 불행해진다고 생각해요. 그래서 좋은 배우자를 찾기 위해서 사주나 팔자를 보는 것이죠. 이와 마찬가지로 좋은 배우자를 찾으려는 생각은 아무리 믿음을 근거로 찾는다 해도 그것은 미신적인 생각의 기독교적 변형에 불과해요. 성경적 관점으로 볼 때, 사람은 다 한결같이 다 죄성으로 가득 차 있고, 연약하고 미약한 존재들일 뿐이에요. 좋은 배우자란 없어요. 다 나쁜 배우자만 있어요. 결혼은 두 사람이 만나서 서로 그 약점을 채워주고 보완해주면서 성장해 나가는 것이에요.

그래서 능력을 기준으로 혹은 믿음을 기준으로 해서 배우자를 선택하겠다는 생각은 집어치우세요. 그건 결혼하지 않겠다고 결심하는 것과 같아요. 대신 내가 그 사람을 좋아하는가를 물어보세요. 그 사람이 능력이 안 되면 어때요? 내가 벌어서 먹이면 되죠. 사랑한다면 능력은 아무 문제가 되지 않을 거예요. 이제 막 예수님을 믿게 된 사람이면 어때요? 같이 믿음의 길을 걸어가면서 신앙을 배워나가면 되죠. 불신자 가정에서 혼자만 신앙생활 하는 사람이면 어때요? 전도해서 그 가정을 주님께로 인도하면 되죠. 중요한 것은 내가 사랑할 수 있는 사람인가예요.

자주 만나서 이야기를 하고 같이 시간을 보내면서 하나님께서 내 마음을 어떻게 인도하시는지 발견해보는 것이 좋아요. 하나님께서는 우리의 마음에 소원을 주시고 행하게 하시는 것이니까요. 능력이나 신앙이나 여러 가지 조건들을 세워놓고 그 조건에 맞지 않으면 제외해버리는 일을 하지 않아야 해요. 두루두루 사람들을 사귀면서 마음이 열리는 사람을 찾아보길 권하고 싶어요.

사실 하나님께서 우리를 사랑해주신 것은 우리가 어느 정도 자격이 있어서가 아니었어요. 오히려 우리는 전혀 자격이 되지 않았어요. 하지만 하나님은 우리를 사랑해주셨고, 그 사랑 때문에 우리가 구원을 받았어요. 그런데 미리 조건들을 정해놓고, 그 조건에 맞는 사람으로 배우자를 선택하겠다는 것은 바람직하지도 않고 가능하지도 않아요.

12

자녀가 불신 배우자감을 데려고 온다면

어떻게 해야 할까요?

? 자녀의 결혼 문제가 가장 큰 고민거리입니다.

나이는 먹어가는데, 결혼할 배우자를 찾기는

쉽지 않습니다. 더욱이 신앙 안에서 배우자감을 찾는

것은 더더욱 어려운 것 같습니다. 그런데 만일 우리

자녀가 신앙을 가지고 있지 않은 사람을 배우자감이

라고 데리고 온다면 어떻게 해야 할까요? 영적인

문제이니까 생사를 걸고 막아야 할까요?

잘못된 결혼은 결국 영적인 타락을 가져오게 되어 있어요. 이스라엘 민족은 가나안 땅에 정착한 후에 그 땅에 살던 가나안 민족들과 서로 통혼을 했습니다. 하나님께서 절대로 그렇게 하지 말라고 사전에 경고했음에도 불구하고 말이에요(신 7:1-4). 그 결과 이스라엘 민족은 가나안 사람들이 섬기던 우상을 섬기는 길로 빠지게 되었고, 이러한 영적인 타락은 결국 하나님의 심판으로 이어졌어요(삿 3:6-8). 우상을 섬기는 사람과 결혼을 하면 결국 함께 타락하여 우상을 섬기는 결과가 빚어지는 것은 썩은 사과와 싱싱한 사과를 섞어 놓으면 모두 싱싱해지는 것이 아니라 다같이 썩어가는 것과 비슷하죠.

솔로몬 왕도 이방 나라의 공주들을 아내로 맞이하였는데, 그 결과 왕비들을 위해 이방 신전을 세워야 했고 우상숭배의 잘못으로 빠져들게 되었어요. 따라서 믿음의 사람은 불신자와 결혼을 하는 것이 옳지 않다는 것을 기억해야 해요. 아브라함은 이삭의 아내를 찾기 위해 자신의 종을 자신의 고향으로 보냈는데, 그 이유는 인종적인 문제 때문이라기보다는 신앙적인 이유였을 거예요.

성경의 가르침은 주 안에서 결혼하는 것이에요(고전 7:31). 물론 고린도전서 7:31의 말씀은 재혼하는 여성의 경우에 해당하는 교훈이지만, 모든 신앙인들의 결혼에 적용할 수 있어요. 고린도전서 6:14에서는 "너희는 믿지 않는 자와 멍에를 함께 매지 말라"고 권면하고 있어요. 이 말씀은 결혼을 꼭 집어서 지칭하는 것은 아니지만 가장 강력한 연합이란 결혼이라는 점에서 불신자와의 결혼을 금하는 말씀이라고 이해할 수 있어요.

그러므로 성경 전체의 가르침이 신앙 안에서 결혼하는 것을 권면하고 있다는 점을 기억해야 하고, 믿음 안에서 결혼하기 위해 최대한의 노력을 하는 것이 당연해요.

그런데 만일 우리의 자녀들이 불신자를 배우자감이라고 데리고 온다면 어떻게 해야 할까요? 이것은 영적인 문제이기 때문에 절대로 양보할 수 없고, 사생결단의 각오로 그 결혼을 막는 것이 옳을까요? 많은 분들이 그렇게 생각하고 있어요. 이것은 천국과 지옥이 갈리는 문제이고, 이스라엘의 타락으로 이끌었던 잘못을 반복해서는 안된다고 생각하면서 그 결혼을 결단코 허락해서는 안 된다고 생각하는 것이죠.

하지만 꼭 그렇지만은 않아요. 고린도전서 7:16에서는 이런 말씀이 기록되어 있어요. "아내 된 자여 네가 남편을 구원할는지 어찌 알 수 있으며 남편 된 자여 네가 네 아내를 구원할는지 어찌 알 수 있으리요" 물론 이 말씀은 이미 결혼한 사람이 신앙적인 이유로 함부로 이혼하지 말라는 뜻이에요. 하지만 이를 넓게 적용하여 불신자와의 결혼에도 적용할 수도 있어요. 가능하면 믿음 안에서 결혼해야 하겠지만, 불신자와의 결혼도 때로는 주님의 은혜 안에서 선한 결과를 가져올 수 있어요.

대표적인 예가 룻의 경우에요. 엘리멜렉과 나오미의 아들들인 말론과 기룐은 모압 여인들과 결혼을 했어요. 그들은 이방여인이었고 우상을 숭배하는 가정 출신이었어요. 하지만 룻은 믿음의 여인이 되었어요. 더 나아가, 다윗의 조상이 되었고 예수 그리스도의 조상이 되었어요. 이것은 아주 놀라운 반전이죠.

오해하지 마세요. 그러니까 불신자와 결혼하는 것이 무방하다고 말씀드리는 것이 아니에요. 가능하면 믿음 안에서 결혼해야 해요. 그래서 우리 자녀가 어렸을 때부터 믿음 안에서 결혼하라고 가르쳐야 해요. 그런데 만일 부모의 기대와는 달리 불신 배우자감을 데리고 온다면, 분노하고 소리를 지르면서 절대로 이런 결혼을 허락할 수 없다고 하는 것은 바람직한 반응은 아니에요. 사랑은 무례히 행하는 것이 아니거든요. 신앙은 강요를 하는 것이 아니거든요.

참새 한 마리도 하나님의 허락이 있어야만 땅에 떨어지는데, 하나님께서 왜 이 불신 배우자감을 우리 가정으로 인도하였는지 하나님 앞에서 질문을 던져볼 필요가 있어요. 그래서 윽박지르거나 강압적인 태도로 신앙을 강요할 것이 아니라, 믿음을 갖는 것이 왜 좋은지, 왜 예수님께서 이 세상에 오셔서 십자가를 지셔야 했는지 복음을 전할 기회로 삼는 것이 중요해요. 하나님께서는 그 사람을 구원하시기 위해서 이 가정으로 인도하셨을 수도 있기 때문이죠.

안타깝게도 이스라엘 민족은 그 점에서 실패했어요. 불신 배우자를 받아들였을 뿐만 아니라, 그들이 섬기는 우상에게 미혹되고 말았어요. 그런 실패를 할 가능성이 많기 때문에 우리는 가능하면 믿음 안에서 결혼해야 하는 것이죠. 그런데 만일 불신 배우자를 데리고 온다면, 나오미가 강압적인 방법을 사용하지 않고 오히려 너그러운 마음으로 며느리들을 대할 때 룻의 입에서 어머니의 하나님이 나의 하나님이라는 고백이 나오게 했던 것처럼 사랑으로 인자함으로 신앙으로 인도할 필요가 있어요.

13

배우자의 외도를 알게 됐습니다.
이것까지 용서해주어야 하나요?

? 믿음의 가정을 세우려 노력을 했는데 최근 배우자의 외도를 알게 됐습니다. 하나님께서는 가정이 깨어지는 걸 원하지 않으실 텐데요. 용서하고 받아들이는 것이 너무 힘듭니다. 사죄하고 잘못했다고 용서를 구하지만, 그의 부도덕한 행위까지도 용서하고 참아줘야 하나요? 부부의 용서는 어디까지 가능할까요. 이혼이 비성경적인 걸까요?

너무 안타까운 사연이네요. 결혼이란 두 사람이 서로만을 사랑하겠다고 하는 서약 위에서 세워지는 것인데, 그 약속을 한 편에서 깨트려버렸을 때 그 상처를 무엇으로 치유할 수 있을까요? 그 배신감은 좀처럼 치유되기 어려울 것 같아요.

먼저 이혼이 하나님의 뜻에 반하는 것인가에 대한 질문에 답을 드리면, 대부분의 이혼은 하나님께서 원하지 않는 것이라고 말씀드리고 싶어요. 부부는 그냥 어쩌다 보니까 만나게 된 것이 아니라, 하나님께서 짝지어주신 것이기 때문에(마 19:9; 막 10:9), 이혼은 하나님의 뜻이 아니에요.

하지만 예외적으로 성경에서 이혼을 허용하는 경우가 있어요. 배우자가 외도한 경우에는 이혼이 인정되고 있고요(마 19:9), 불신 배우자가 신앙적인 이유로 이혼을 요구할 때에도 이혼을 허락하고 있어요(고전 7:15). 그러니까, 사연을 보내주신 분의 경우에는 이혼해도 하나님의 뜻에 반하는 것은 아니라고 생각해요.

하지만 그러니까 이혼을 해도 무방하다고 말씀을 드리는

것은 아니에요. 만일 배우자가 깊이 자신의 잘못을 뉘우치고 이러한 행위가 습관적인 것이 아니라면, 본인의 선택과 결단으로 배우자를 용서해주고 가정을 지속해나갈 수 있어요. 물론 배우자의 진정한 회개가 전제되어야 하겠죠.

부부가 이혼하게 된다면 그 피해를 가장 크게 입는 것은 자녀들이죠. 그래서 이혼을 선택하기보다 이번 일을 계기로 부부가 더욱 사랑하는 기회를 삼는다면 전화위복이 될 것이고 자녀들에게도 좋을 거예요. 사실 가정에 문제가 생기는 것은 전적으로 한 편만의 문제라고 할 수는 없어요. 그만큼 내가 배우자와 함께 좋은 동반자가 되려고 노력하지 못한 이유도 있을 거예요. 이해하기보다는 이해받으려고만 했고, 사랑하기보다는 사랑받으려고만 했던 것들이 두 사람 사이의 문제를 만들어냈을 가능성이 커요. 따라서 어디서 내가 잘못했는가를 돌아보면서 좋은 가정을 이루기 위한 노력을 해나간다면, 이혼을 선택하는 것보다는 오히려 더 좋은 결과를 빚어낼 수 있을 거예요. 저는 그렇게 회복된 가정들을 많이 보아왔어요.

물론 자녀들을 위해서 모든 것을 희생하고 고통스럽게 결혼 관계를 유지하는 것만이 정답이라고 말씀드리는 것은 아니에요. 외도의 경우에는 이혼이 성경적으로도 정당화되기 때문이에요. 하지만 진정으로 배우자가 뉘우친다면…. 물론 이 말은 어폐가 있어요. 우리 인간은 너무나도 타락한 존재로서 한번 결단으로 모든 문제가 해결되는 것이 아니라 또 잘못을 저지를 가능성이 많기 때문에, 진정으로 뉘우친다는 것은 사실 가능하지 않을는지도 몰라요. 하지만 적어도 그 순간만큼은 진정으로 뉘우치고 회개한다면, 본인의 선택과 결단으로 용서하고 가정을 유지하는 선택을 할 수 있어요.

사실 하나님께서 우리를 용서하신 것은 우리가 영적으로 하나님을 배반하고 영적인 음란의 죄에 빠졌을 때였어요. 하나님은 우리의 영적인 남편인데 우리는 돈을 더 사랑하고 우상을 더 사랑하여, 영적으로 간음한 사람들이었어요. 놀랍게도 하나님께서는 그런 우리를 그냥 버리시지 않았어요. 우리를 그 음란한 삶에서부터 건져내기 위하여 예수님을 십자가에 내어주셨어요. 그래서 우리가 다시 하나님의 신부로

회복된 거예요. 어떤 결정을 내리시든지 하나님께서 평안과

위로를 해주시기를 기도합니다.

14

구타하는 남편과 살고 있습니다.
그래도 이혼하지 말고 살아야 하나요?

? 말싸움하는 도중 남편이 저를 구타하는 일이
계속되고 있습니다. 하나님 안에서 가정을 이
뤘으니 이혼하지 말라고 하셨잖아요. 그래서 이혼을
해도 되나 말아야 하나 여쭙고 싶어서요. 폭력은 아
이들 앞에서도 이뤄진 지 오래입니다.

참으로 안타까운 사연이네요. 부부는 서로 사랑하고 아끼고 존중해주면서 살아야 하는데, 오히려 사랑을 받아야 할 사람으로부터 구타를 당하다니요. 마음이 정말 힘들고 아프겠네요.

성경적인 관점에서 볼 때, 이혼은 바람직하지 않습니다. 다만 성경에서도 예외적으로 이혼을 인정하는 경우가 있어요. 그것은 배우자가 음행한 경우와 불신자인 배우자가 신앙의 이유로 이혼을 요구할 때예요. 그런데 구타하는 남편의 경우에는 성경에서는 아무런 교훈을 주고 있지 않아요. 하지만 이러한 경우에는 이혼하는 것이 불가피한 선택이 될 수 있다고 생각해요. 원론적으로 말하면, 하나님께서 짝지어 주셨기 때문에 사람이 함부로 나누면 안 돼요(마 19:6; 막 10:9). 하지만 경우에 따라 불가피하게 이혼을 해야만 하는 아주 특별한 사정이 있을 수 있어요. 성경에서 구체적으로 허용한 사유가 아니더라도 말이에요. 그럴 경우, 성경은 이혼한 후에 그냥 혼자 지내든지 아니면 다시 남편과 합하든지 하라고 권면하고 있어요(고전 7:11).

남편의 폭력이 자녀들 앞에서까지 이루어진다고 하니, 그 상태가 아주 심각하네요. 결국, 그런 모습을 보고 자란 자녀들에게까지 나쁜 영향을 미칠 수 있어서 정말 심각하게 우려되네요. 이럴 경우에 근처에 있는 상담소를 찾아가서 상담해보시면 좋을 듯해요. "여성의 전화"나 행정기관인 여성가족부의 도움을 받는 것도 필요할 것으로 생각해요.

물론 반드시 이혼해야 한다고 말씀드리는 것은 아니에요. 이혼의 문제는 본인 스스로 결정할 문제이지, 다른 사람이 조언해줄 수 있는 성질의 것이 아니에요. 그 누구도 이혼하지 말고 구타를 당하면서 계속 살아야 한다고 말할 수 없고, 그 누구도 이런 경우에는 반드시 이혼해야 한다고 말할 수도 없어요. 본인 스스로 선택해야 할 문제이기 때문이에요. 다만 이런 경우에도 이혼하지 말라는 것이 성경의 가르침인가라는 질문에 대해서, 굳이 그렇게 생각하지 않아도 될 것 같다고 말씀드리고 싶어요.

이런 상태에서 결혼 관계를 계속 유지하는 것은 고통스러운 일인데, 사실 이혼한다고 해서 좋은 결과가 빚어지는 것은 아니에요. 그래서 여러 가지를 고려하면서 스스로 선택할 필요가 있어요.

만일 여러 가지 이유로 그냥 결혼 관계를 유지하는 선택을 하실 수도 있어요. 그렇다면, 구타하는 일이 반복되지 않도록 지혜롭게 대처할 필요가 있어요. 사실 처음 구타가 일어났을 때 이를 바로 잡았어야 했어요. 그렇게 하지 않고 그냥 지내오게 되면서 그 문제는 해결되지 않고 더욱 심해진 것이죠.

남편이 구타하려고 하는 경우, 지혜롭게 맞설 수 있다면 맞서서야겠지만, 그럴 수 없다면 일단 피신해야 해요. 남편의 정신이 온전한 상태가 아닐 때는 특히 피해야 해요. 그리고 남편의 정신이 온전할 때, 남편이 무엇을 잘못했는지를 깨우쳐주어야 해요. 그리고 남편이 진정으로 잘못을 빌고 다시는 그러지 않겠다는 확답을 받은 후에라야 다시 돌아올 필요가 있어요. 뉘우치지 않는다면, 그 어떤 이유로도 다시 돌아가서는 안 돼요. 이혼을 각오하고서라도 문제를 고쳐야 하거든요. 또한, 남편이 폭력을 행사한다는 것을 다른 사람에게 알려야 해요. 너무 창피한 일이어서 남들에게 말하기 어렵겠지만, 더더욱 결혼을 반대하신 부모님들에게는 알리기 싫겠지만, 감추면 감출수록 문제는 더 곪아 터지게 되어 있어요. 시댁 식구들에게도 알려서 도움을 받아야 해요. 이 세상에 완벽한 남편은 없어요. 조금씩 고쳐가면서 살아가야 하는데, 침묵하고 있으면 도무지 고칠 수 없어요.

종종 아내분들이 자신을 자책하는 경우가 있어요. 내가 맞을 짓을 했다고 생각하고, 내가 부족한 아내이기 때문에 이렇게 구타를 당한다고 스스로를 자책하게 되는 거죠. 물론 그런 생각이 옳을 수도 있어요. 이 세상에 완벽한 남편도 없고 완벽한 아내도 없으니, 싸우다 보면 자신의 잘못을 생각하고 뉘우치는 것은 당연하죠. 하지만 아무리 아내가 잘못했다고 해서 그것을 빌미로 남편이 구타하는 것은 정당하지 않으며, 사실은 범죄행위에요. 아무리 아내 자신이 잘못한 게 생각이 나더라도, 구타 자체는 나쁜 것이라는 생각을 분명하게 가지고 있어야 해요.

사실 남편도 구타를 당하면서 성장했던 불행한 과거의 경험 때문에 그렇게 구타를 하는 사람이 되었을 수 있어요. 그만큼 피해자일 수 있는 거죠. 그런데 그것을 그냥 가만히 놔두면 안 돼요. 우리의 연약함을 가지고 주님 앞에 나아가야 해요. 바로 그런 우리의 연약함 때문에 주님께서 십자가를 지시고 피를 흘려주셨어요.

남편에게 사랑의 표현을 요구하고, 사랑을 표현할 때 기뻐하는 모습을 보여주세요. 남편이 사랑을 표현하지 않거나, 화를 내거나 폭력을 행사할 때 정말 슬프고 마음이 아프다는 것을 보여주세요. 그리고 함께 서로 사랑하는 부부의 관계를 만들어 가기 위해서 노력하자고 약속해보세요. 적어도 그리스도 안에서 변화의 가능성은 있어요.

15

왜 우리 집은 언쟁이 끊이지 않을까요?

? 저는 안 믿는 남편과 살고 있는데요. 서로 성격이 완전 전부 다 반대이고 생각하는 것 또한 다를 수밖에 없는데요. 평소 대화를 할 때마다 언쟁이 끊이지 않아 대화를 피하고 싶어도 계속 대화를 요구합니다. 오랜 결혼생활에서 말할 때마다 싸우고 지쳐가는데, 어떻게 해야 하나요? 왜 우리 집은 언쟁이 끊이지 않는 것일까요?

많은 가정이 배우자와의 성격 차이 때문에 힘들어해요. 배우자와 이런 문제가 생기는 것은 남편분이 불신자이기 때문이 아니에요. 솔직히 말씀드리면, 목사인 저와 사모인 제 아내도 성격이 다르고 말할 때마다 말이 잘 통하지 않아서 정말 많이 싸웠고, 지금도 싸우고 있어요.

그뿐만 아니라 이런 문제가 생기는 것은 두 사람의 사주나 팔자가 잘못 짝지어져서 그런 것도 아니에요. 서로 성격이 다른 것은 하나님께서 모든 사람을 각각 다르게 그리고 독특하게 창조하셨기 때문이에요. 이 세상에는 성격이 잘 맞을 수 있는 사람이 단 한 사람도 없어요. 모든 사람에게 지문이 다르듯이 성격도 다 다르게 되어 있기 때문이죠. 비교적 성격이 많이 잘 들어맞는다고 해서 다툼이 생기지 않는 것도 아니에요. 특히 남자들의 성격과 여자들의 성격은 정반대라고 하죠. 대부분을 정반대로 생각한다고 해요. 성격이 다른 것은 당연하지 이상한 것은 아니에요.

그런데 언쟁이 끊이지 않는 이유는 성격이 달라서가 아니라, 우리가 죄인이기 때문이에요. 우리는 상대방을 있는 그대로 받아들이지 못하고 내 중심적으로만 생각하는 체질적으로 이기적인 존재이거든요. 남편이나 아내나 마찬가지예요. 그래서 우리 크리스천들은 우리 자신을 십자가 앞에 내어놓는 훈련을 해야 해요. 상대방을 이해하고 용납하고 오래 참을 수 있는 사랑을 할 수 있게 해달라고 기도해야 하고, 나보다 상대방을 더 낮게 생각할 수 있는 겸손함을 달라고 기도해야 하지요.

언쟁이 끊이지 않는 이유는 서로가 자신의 입장에서만 생각하기 때문인데요. 상대방이 왜 기분이 나쁜지, 무엇 때문에 화를 내는지를 이해하려 하기 보다는, 나 자신의 입장에서만 생각하기 때문이에요. 그리고 배우자의 조그마한 실수와 분노에 똑같이 분노의 방식으로 대응하기 때문에 문제가 더 심각하게 되는 것이죠. 오히려 내가 좀 더 너그럽게 차분하게 대응한다면 언쟁은 줄어들 수 있어요. "유순한 대답은 분노를 쉽게 하여도 과격한 말은 노를 격동하느니라"(잠 15:1)의 말씀을 기억할 필요가 있어요.

언쟁을 줄이려면 일단 화를 내지 않기로 다짐해야 해요. 분노를 표출하는 방식으로는 그 어떤 좋은 결과도 얻을 수 없거든요(약 1:20). 서로 합의를 해서 분노하지 않고 좋은 말로 대화하도록 해야 해요. 만일 대화 가운데 분노가 치밀어 솟아오른다면, 일단 분을 죽이고 마음이 차분해져서 이성적으로 대화할 수 있을 때까지 잠깐 시간(time-out)을 갖는 것도 중요해요. 사랑하니까 화를 내기도 싫고, 화가 난 목소리를 듣는 것도 싫으니 서로 마음을 다스린 후에 맑은 정신으로 대화를 하자고 서로 사전에 약속하면 좋아요.

대화가 통하지 않는 남편이 대화를 요구하는 것은 그만큼 사랑하기 때문인데요. 사랑받는다는 느낌을 받지 못하기 때문에 갈급해서 그러는 거예요. 사랑이 갈급하다는 뜻이죠. 그래서 아직은 소망이 있어요. 이러한 갈증을 서로 이해하고 대화하는 방법으로 채울 수 있다면 좋을 거예요.

주님께 기도해야 해요. 내가 너무 이기적이어서, 죄성이 너무 깊어서 가정에 불화가 계속되지 않도록, 내가 잘 사용되어서 가정에 평화가 올 수 있도록 기도해야 해요. 주님께서는 이러한 기도를 외면하지 않으시고 들어주실 거예요.
불신자인 남편을 교회로 인도하는 것은 그 다음의 문제에
요. 아니 이러한 방법을 시도하는 것 자체가 전도의 일환이
죠. 사실 우리가 서로 맞추어 살려고 노력하지 않는다면, 불
신자인 남편을 교회로 인도한다고 해서 다툼이 끊어지지는
않거든요.

16

목회자인 아버지의 폭력 때문에 고통스러워요.

제 아버지는 목회자인데요. 아버지가 화가 나면 참지 못하고 완전 폭력적이세요. 그것 때문에 무척 방황했어요. 가족들이랑 별로 끈끈해지고 싶지도 않고 교회도 떠나버리고 싶기도 해요. 그런데 하나님께서 원하시는 것은 화평, 하나 됨 이런 거니까 고민스러워요. 제가 또 교회에서 기둥 역할을 해야 하는데, 너무 힘들어요.

참으로 안타깝네요. 가정이란 이 세상의 그 어느 곳보다 따뜻한 곳이어야 하고, 이 세상에서 아무리 힘들고 어려운 일이 있었더라도 가정에서 위로받고 다시 새 힘을 얻어야 하는 곳이어야 하는데, 현실은 그렇지 않다는 사실이 너무나도 마음이 아프네요. 교회라는 공동체도 그곳에서 회복이 있고 기쁨이 있어야 하는데, 현실은 깨어진 관계 속에서 교회에서 위로를 얻기보다는 불편함이 지속된다는 것이 너무나도 안타까워요. 더구나 다른 사람의 가정이 아닌 목회자의 가정이 그렇다는 사실이 정말 마음이 아프네요.

교회에서는 예수님의 사랑을 말하는 아버지 목회자가 가정에서 폭력적인 모습을 보여주는 것이 너무나도 이중적이고 위선적으로 느껴져서 정말 많이 힘들 것이라고 생각해요. 그래서 가정을 떠나고 싶고, 교회를 떠나고 싶은 마음을 충분히 이해할 것 같아요. 저라도 그런 상황에 있었다면, 다 때려치우고 떠나고 싶을 것 같아요.

그런데 사실 그게 인간의 본 모습이에요. 사람들은 너무나도 악해서, 주님의 일을 한다고 하면서도 위선적일 수밖에 없고, 심지어 폭력적이 되기도 하죠. 목회자가 정말 하나님의 말씀대로 거룩하고 사랑이 많은 사람이 될 수만 있다면 정말 좋겠는데, 안타깝게도 그럴 수 없는 경우가 많아요. 가정에서 종종 폭력적이 되는 것은 그만큼 인간의 죄성이 심각하다는 것을 보여주는 것이죠. 사실 그건 질문자 아버지의 경우에만 그런 것이 아니라, 대부분의 한국 남성들이 교육이라는 명목하에 가정에서의 크고 작은 폭력에 늘 노출됐고, 그것이 다음 세대로 대물림되고 있어요. 아마 질문자의 아버지도 인격적인 교육방법을 잘 모르는 시대에 폭력으로만 교육받아온 피해자인지도 모르겠네요. 우리는 너무나 연약해서 누구나 쉽게 악마가 될 수 있죠.

바로 그 이유 때문에 예수님께서 이 세상에 오셨어요. 우리가 거룩하게 살 수 있다면, 예수님께서는 이 세상에 오실 필요가 없었을 거예요. 하지만 우리가 너무나도 악해서, 심지어 주의 일을 한다고 하면서도 악을 행하는 이중적인 모습을 보여줄 수밖에 없는 악한 사람들이기 때문에, 예수님께서 오셔서 우리를 대신하여 십자가에서 죽으셨어요.

아무튼, 바로 그러한 이유 때문에 가정을 떠난다면, 그것은 바로 사탄이 원하는 것이에요. 사탄은 우리의 가정을 무너뜨리고 또한 우리의 교회를 무너뜨리기 원하죠. 폭력적이 되는 것은 목회자가 사탄의 유혹에 넘어가 버렸기 때문에 나오는 현상인데, 그 결과로 가정을 떠나버린다면 그것도 역시 사탄의 유혹에 넘어가 버리는 것이에요.

그래서 우리는 사탄의 유혹이 얼마나 강한가 하는 사실을 직시해야 하고, 우리가 죄를 지을 때마다 나를 위하여 십자가를 지신 주님 앞에 다시 나아가야 해요. 목회자인 아버지가 폭력적이 되는 것은 하나님께서 결코 원하시는 모습이 아니에요. 따라서 그렇게 아버지가 죄를 계속해서 짓도록 내버려 두어서는 안 돼요. 가정에서부터 떠나는 것은 그래서 추천하고 싶지 않아요. 하나님께서 질문자를 그 가정에 보내신 것은 질문자를 통해서 다시 그 가정이 복음으로 치유되도록 하시기 위함일 거예요.

성경에는 만일 잘못을 하는 사람이 있다면 1:1로 만나서 권고할 것을 가르치고 있어요(마 18:15). 여러 사람이 몰려가서 잘못을 지적하는 것은 성경적인 방법이 아니에요. 따라서 어머니와 함께 자녀들이 아버지에게 나아가 말하는 것은 좋은 방법이 아니에요. 만일 여러 사람이 한꺼번에 몰려가서 잘못에 대해서 이야기하면 마치 인민재판을 받는 것 같은 기분이 들어서 오히려 역효과를 불러일으킬 것이에요. 오랫동안 이 문제로 기도한 후에, 혼자 개인적으로 아버지에게 찾아가서 조용하게 그리고 진지하게 대화를 요청하세요. 빌립보서 2장의 말씀에 의하면, 아버지에게 이야기할 때 겸손한 마음으로 대화할 것을 가르치고 있어요. 나는 아무런 죄도 짓지 않는 완벽한 사람인 양, 그리고 모든 잘못이 아버지에게만 있는 것인 양 대화하면 안 돼요. 오히려 나 자신도 똑같이 죄를 지을 수 있는 연약한 인간임을 인정하면서, 그래서 나와 같은 죄인을 위하여 예수님이 이 세상에 오셨다는 것을 인정하면서, 대화를 풀어나가야 해요. 아버지가 잘못하는 것 이상으로 나도 잘못하고 있다는 사실을 알지 못한다면, 찾아가서 대화하는 것 자체가 무의미할 거예요.

그리고 아버지이신 목사님께 솔직하게 이야기를 하세요. 아버지가 폭력적일 때 어떤 느낌을 받는지, 그리고 내가 얼마나 괴로운지, 가정을 떠나고 싶은 마음도 들고, 심지어 교회를 떠나고 싶은 마음까지도 든다는 사실을 이야기하세요. 분노에 차서 말할 것은 아니에요. 사람이 성내는 것이 하나님의 의를 이루지 못하기 때문이죠(약 1:20). 사실 아버지는 질문자를 미워하지는 않을 거예요. 아니 사랑하고 있다고 확신해요. 방법은 틀렸지만 말이죠. 현명하지 못하게 행동했지만요. 그리고 하나님의 은혜가 있다면, 그런 아버지도 다시 자신의 모습을 되돌아보며 하나님의 뜻대로 자신의 삶을 바꾸기 위해 노력할 수 있을 거예요. 그렇다면 아버지를 살리는 일을 하게 되는 거예요. 사실 그 일을 위해서 하나님은 질문자를 그 가정에 보내주셨는지도 모르잖아요?

사실 제가 바뀐 것도 우리 딸 때문이었어요. 저도 쉽게 분노하는 사람이었고, 저도 폭력적인 성향이 있는 사람이었어요. 어느 날 저는 화가 나서 아내에게 소리를 지를 때였어요. 그때 우리 아이가 내게 울면서 말했어요. "아빠, 화를 내려면 나한테 화를 내고, 엄마에겐 화를 내지 마." 이 말 한마디에 저는 무너졌어요. 집안에서 가장 강자인 아빠의 분노를 가장 약자인 어린 딸이 받아내려 하는 모습에 저 자신이 너무 부끄러워졌기 때문이죠. 어린 딸에게서 가정의 화목과 희생의 정신을 배우는 순간이었지요. 나도 모르게 내 속에 학습돼 있던 폭력적인 언행이 아내와 어린 딸을 힘들게 했다는 사실을 깨닫고 저는 폭력의 대물림을 끊어 버리고자 더욱 간절히 예수님의 도우심을 간구했고 부족하지만, 점점 성화의 길을 걷게 되었어요.

질문자가 아버지 목회자에 대한 긍휼의 마음을 가질 수 있으면 좋겠어요. 아니 이미 그런 마음을 가지고 있다고 생각해요. 힘들어도 고민하고 있으니까요. 긍휼히 여기는 마음이 없다면 그런 고민 자체를 하지 않았을 거예요. 아버지도 단번에 바뀌지는 않을 거예요. 제가 단번에 바뀌지 않는 것처럼 말이에요. 하지만 이런 대화를 통해서 아버지가 조금씩 변화되어 갈 수 있다면, 가정은 다시 회복될 거예요. 아니 회복의 가능성이 보인다면 소망이 있을 거예요. 그리고 그것은 주님께서 원하시는 것이고, 주님께서 사망의 권세를 물리치셨기 때문에 가능한 것이죠. 그렇다면 교회와 가정도 변화되어 갈 거예요.

17

시어머니의 잔소리에
심사가 뒤틀리는데, 어떻게 해야 하나요?

? 제 안에 제가 너무 많아서 시어머니와 생활하는 게 불편해요. 작년부터 시부모님이 교회 생활 시작하셨고 잘 다니고 계셔서 잘해드리고 싶은데, 남편과의 트러블이 생길 때마다 시어머니의 도를 넘는 참견이나 잔소리에 심사가 뒤틀리는 걸 어떻게 극복해야 할까요?

시어머니와의 관계는 정말 쉽지 않은 문제죠. 먼저 이 땅의 모든 시어머님께 권고를 하고 싶어요. 자녀가 결혼하면 이젠 그들을 믿고 그들이 자신들의 방식으로 삶을 살아갈 수 있도록 한 발짝 물러서고 이제는 참견이나 잔소리를 하는 것을 피하셔야 해요. 아무래도 인생을 오래 사시고 경험이 많은 분의 입장에서 이제 막 결혼생활을 시작한 새 가정의 모습을 보면, 아이들이 불안하기 짝이 없고 걱정이 되어서 도움을 주고 싶은 마음이 간절할 겁니다. 하지만 이제는 그들이 어엿한 가정을 이루었으니 그들 스스로 실수도 해가면서 성장해갈 수 있도록 옆에서 지켜만 보는 것이 좋아요. 간섭하고 도와주어서 실수를 없게 만들어 안전한 길로 가게 하는 것보다, 그들이 이런 실수 저런 실수를 하면서 스스로 터득하는 것이 훨씬 더 낫기 때문이에요.

결혼은 아이들이 부모를 떠나는 거예요(창 2:24). 그것은 장소적인 의미도 있지만, 정신적인 의미가 더 커요. 어렸을 때는 부모의 권세 아래에서 부모의 가르침을 받으면서 자라는 것이지만, 결혼한다면 이제 부모의 권세에서 벗어나는 것이고 더 이상 부모의 지시 속에서 살아가지 않는 것을 뜻하죠.

부모님들은 자식들이 잘되길 바라는 마음으로 잔소리를 하게 되는데요. 사실은 부모님들의 소망과는 달리 잔소리와 참견은 부부관계를 악화시키고 좋지 못한 결과를 가져와요. 그러니까 잔소리와 참견보다는 옆에서 칭찬하고 격려해주는 것을 선택하는 것이 현명해요. "나는 신혼 때 그렇게 할 생각도 못 했는데, 너희들은 그렇게 하다니 정말 대단하구나. 정말 너희들이 자랑스럽구나." 늘 칭찬해주고 격려해주어야 해요.

성경적인 가르침은 이래요. "그러므로 그리스도 안에 무슨 권면이나 사랑의 무슨 위로나 성령의 무슨 교제나 긍휼이나 자비가 있거든 마음을 같이하여 같은 사랑을 가지고 뜻을 합하며 한마음을 품어 아무 일에든지 다툼이나 허영으로 하지 말고 오직 겸손한 마음으로 각각 자기보다 남을 낮게 여기고 각각 자기 일을 돌볼뿐더러 또한 각각 다른 사람들의 일을 돌보아 나의 기쁨을 충만하게 하라." 빌립보서 2:1-4의 말씀인데요, 겸손한 마음을 가져야 하는데, 아이들이 나보다 낫다고 생각하는 마음을 가져야 한다고 권면하고 있어요.

안타깝게도 시부모님들이 이런 성경적인 방식으로 자녀들을 대하지 않는 것이 현실이죠. 그렇다면 며느리로서 어떻게 하면 될까요? 무엇보다도 이 문제를 남편과 잘 상의해야 해요. 결혼을 했다면, 부부는 한 몸이며 모든 문제는 두 사람이 같이 풀어나가야 하죠. 남편에게 솔직하게 자신의 느낌을 나누어보세요. 물론 이때 남편들은 대부분 아내가 불편해 하는 것이 아내가 시부모를 싫어하는 것으로 오해할 가능성이 많아요. 그래서 부부 관계가 악화될 위험도 있어요. 하지만 솔직하게 자신의 마음을 나누어야 해요. 그리고 이 문제의 해결을 위해 남편이 지혜롭게 나설 수 있도록 도와달라고 요청해보세요.

그래도 해결이 쉽지 않을 거예요. 인류 역사상 해결된 경우가 정말 드물었어요. 그러면서 수많은 며느리들이 속앓이를 하면서 살았어요. 연세드신 분들의 행동을 고치는 것이 쉽지 않기 때문이죠. 그렇다면 어떻게 할까요?

성경에서는 원수도 사랑하라 하셨고, 악을 악으로 갚지 말고 선으로 갚으라고 했어요. 그렇다면 원수도 아니고 우리가 사랑해야 할 시부모님들을 참고 인내하며 사랑으로 대하는 것은 우리에게 요구되는 자세일 거예요. 인내심과 사랑의 마음을 가질 수 있도록 주님께 도움을 요청하십시오. 우리의 심성이 뒤틀려지는 것은 우리가 죄인이기 때문이에요. 그래서 사랑으로 시부모님들을 대할 수 있는 능력을 달라고 기도해야 해요. 더 나아가 시부모님과 적극적으로 솔직하게 이야기하고 서로를 알아가는 기회를 늘려갈 필요가 있어요. 사실 시부모님들을 알아간다면, 그들도 역시 죄인이며 과거의 수많은 좋지 않은 경험들 때문에 이런 행동 저런 행동들이 나온다는 것을 알게 될 것이고, 오히려 측은하게 여기는 마음이 생기게 될 거예요.

사실 하나님께서 우리를 한 가정의 며느리로 인도하신 것은 우리를 통하여 그분들에게 그리스도의 사랑을 전하고 복음으로 치유될 수 있도록 돕기 위한 목적도 들어 있다는 것을 발견하게 될 거예요. 한 알의 밀알이 썩어지면, 많은 열매를 맺을 거예요(요 12:24). 사실 우리가 구원받은 것은 예수님께서 십자가에서 달려돌아가셨기 때문이죠. 그리고 바로 그 주님께서 우리에게 자기 십자가를 지고 주님을 따르라고 초대하고 계셔요(마 8:34). 그 길이 죽는 길처럼 보이고 너무 힘든 길처럼 보이지만, 사실은 쉬운 길이에요. 주님과 함께 걸어가는 길이기 때문이죠(마 11:28-30).

18

조상들의 죄나 공덕들이
자녀들의 삶에 영향을 미치나요?

? 저의 언니는 만날 때마다 조상의 저주로 현재 우리가 어렵게 산다고 하면서 조상들을 원망하고 있습니다. 또한, 우리가 그나마 잘 사는 것은 어머니의 기도 때문이라는 말을 하기도 합니다. 조상의 죄와 저주, 그리고 공덕에 대해서 어떻게 해석하고 이해해야 하는지요?

조상들의 잘못 때문에 그 후손들이 힘들고 어렵게 살게 되는 것일까 하는 문제는 아주 오래된 숙제예요. 성경을 보면 그렇다고 답을 하는 것 같은 구절도 있고, 또한 정반대로 그렇지 않다고 대답하는 것 같은 구절도 있거든요.

우선 출애굽기 20:5-6을 보면 이렇게 기록하고 있어요. "나, 네 하나님 여호와는 질투하는 하나님인즉 나를 미워하는 자의 죄를 갚되 아버지로부터 아들에게로 삼사 대까지 이르게 하거니와 나를 사랑하고 내 계명을 지키는 자에게는 천 대까지 은혜를 베푸느니라." 이 말씀에 의하면 부모가 악을 행하고 하나님을 섬기지 않으면 그 후손들에게 저주가 3, 4대까지 미치게 될 것이라고 해요.

그런데 성경 다른 곳에는 부모의 죄 때문에 자녀들이 저주를 받지 않을 것이라고 선언하는 구절도 있죠. 에스겔 18:20은 이렇게 기록해요. "범죄하는 그 영혼은 죽을지라. 아들은 아버지의 죄악을 담당하지 아니할 것이요. 아버지는 아들의 죄악을 담당하지 아니하리니 의인의 공의도 자기에게로 돌아가고 악인의 악도 자기에게로 돌아가리라." 이 말씀에 의하면 아무리 부모가 잘못을 저질렀다 하더라도 자녀들에게까지 그 벌이 미치지 않을 것이라고 하거든요.

성경이 서로 모순되는 듯한 이야기를 하는 것 같은데, 사실은 우리가 하나님의 말씀에 철저하게 순종해야 함을 강조한다는 점에서 같은 이야기를 하고 있어요. 에스겔서의 말씀은 부모의 의(義) 때문에 내가 저절로 축복의 삶을 누릴 수 있는 것이 아니기에, 당사자인 나 자신이 의로운 길을 걸어가야 함을 강조하는 차원에서의 말씀이에요. 이러한 사실을 강조하기 위해서 부모의 죄도 내게 아무런 영향을 미치지 않는 것이라고 이야기하는 것이죠. 출애굽기의 말씀은 나의 선택이 내게만 영향을 미치는 것으로 끝나지 않고 나와 연관된 자녀들에게까지 영향을 미칠 수 있음을 기억하고 철저하게 하나님의 말씀에 순종해야 함을 강조하는 차원에서의 말씀이에요.

그런데 나 자신의 책임이 중요함을 강조하는 출애굽기의 말씀을 오용해서 나의 불행이 조상의 탓일 수 있다는 결론을 내린다면 그것은 성경을 크게 잘못 사용하는 것이에요. 나 자신의 불행이나 고난을 조상의 잘못 탓으로 돌리는 행위는 비겁한 행위이고 성경적이지 못한 사고방식이거든요. 백번 양보하여 정말로 조상의 죄 때문에 내가 고난을 당할 수 있다는 것을 인정한다 하더라도, 바로 같은 구절의 말씀에 따라 나 자신이 하나님의 말씀에 순종하면 천대까지 하나님의 은혜를 받게 될 것이므로 조상의 죄는 아무런 효력을 발휘하지 않을 거예요.

우리는 경험상 좋은 부모를 두었다면 그 자녀들이 누리는 혜택이 적지 않다는 것을 잘 알아요. 또한, 악한 부모 밑에서 자라는 자녀들은 불행한 삶을 살 가능성이 크다는 사실도 잘 알아요. 하지만 아무리 악한 부모를 두었다 할지라도 반드시 고난의 길을 가야만 하고 항상 저주 아래에 있어야만 하는 것은 아니에요.

우리는 본질상 악한 사람들이기 때문에, 우리가 당하는 고난에 대해서 항상 남의 탓하기를 좋아하죠. 그래서 "잘되면 내 탓, 못되면 조상 탓"이라고 하죠. 하지만 믿음의 사람은 주어진 환경이나 자신이 태어난 환경에 대해서 불평만 하지 않아요. 예를 들어, 요셉은 애굽에 종으로 팔려갔을 때도, 억울하게 누명을 쓰고 감옥에 갇히게 되었을 때도, 좌절하고 자신의 신세를 탓하며 다른 사람들에게 그 책임을 전가하지 않았어요. 오히려 온 세상을 주관하시는 하나님께서 자신을 이러한 상황 속으로 몰아넣으신 이유가 있을 것이라고 믿었어요. 그리고 자신이 어디에 있든지 항상 신실하게 하나님의 말씀에 순종하며 믿음의 길을 걸어갔어요. 이것이 바로 믿음의 사람이 가져야 할 자세죠. 참된 믿음의 사람은 자신의 불행에 대한 이유를 남에게서 찾지 않아요. 오로지 하나님의 은혜를 감사하면서 항상 기뻐하고 기도하는 사람이 참된 믿음의 사람이라고 할 수 있어요.

19

제사를 드리려는 가족들과
불화하는 것이 힘들어요

? 저희 어머니는 신앙을 가진 분이셔서, 아버지
께서 돌아가신 후에 추도 예배를 드렸습니다.
하지만 어머니가 돌아가신 후 문제가 생겼습니다.
어머니는 유언으로 제사를 드리지 말라고 하셨지만,
남동생이 아버지에게 배운 대로 제사를 드리는 것을
강하게 주장해서 신앙을 가진 형제들과 불화가 심
하게 일어나고 있습니다. 어떻게 하면 좋을까요?

서로 사랑하고 우애가 깊어야 할 형제들이 제사 문제로 서로 의가 상하게 된다니 정말 안타깝네요. 제사를 강하게 주장하는 분은 그 나름대로의 이유가 있을거예요. 남동생분은 제사를 드리지 않았기 때문에 가정에 우환이 생겨났다는 무당의 말에 깊은 신뢰를 보이는 것 같고, 또 제사를 드리기 시작하니까 정말로 우환이 사라진 체험들 때문에 제사를 더욱 강하게 주장하는 것 같아요.

이런 상황에서 신앙을 가진 다른 형제들이 의기투합하여 제사를 드리지 않고 기독교식으로 추도 예배를 밀어붙이기만 하면 다 되는 것이 아니에요. 힘으로는 눌러버릴 수 있겠지만, 모든 것을 제사를 드리지 않는 탓으로 생각하는 그의 생각을 바꿀 수는 없을 것이고, 기독교인들이란 오만하고 부모도 모르는 그런 꼴불견이란 생각을 강화하기만 할 테니까요.

우리는 단순히 제사를 드리지 않는 것을 목적으로 삼기보다는 신앙을 가지지 않은 남동생을 참된 믿음으로 인도하는 것을 목적으로 삼아야 해요. 그렇게 되면 저절로 제사를 드리는 문제가 해결될 테니까요. 그러기 위해서는 우리의 칼을 내려놓아야 해요. 우리의 주장을 우겨대고 강제하는 방식을 내려놓아야 한다는 말이죠. 그런 방식으로는 상대방을 굴복시킬 수는 있지만, 그 마음을 얻을 수는 없기 때문이에요.

다른 형제들이 제사를 드리겠다고 하면, 신앙의 이유 때문에 제사에 참여하지는 않겠다고 정중하게 양해를 구하는 것이 좋을 거예요. 또한 다른 형제가 굳이 자신의 방식에 따라 제사를 드리겠다고 하는 것을 방해하거나 옆에서 비난하는 식으로 기분을 상하게 해서는 안 될 거예요. 사랑은 자기의 방식을 고집하는 것이 아니기 때문이고, 사랑은 무례히 행하는 것이 아니기 때문이에요. 사랑으로 마음을 열지 않으면 그 어떤 차가운 마음도 열리지 않기 때문이죠.

오히려 제사를 지내려고 하는 그 마음을 칭찬해줄 필요가 있어요. 부모님을 극진히 생각하는 마음에서부터 비롯된 것이기에 너무 감사하다고 말할 수 있을 거예요. 비록 나는 신앙적인 이유로, 그리고 제사의 방식이 진정으로 효도하는 방식일 수 없다는 확신 때문에 제사에 참여하지는 못하지만, 형제 중에서 제사의 방식을 통해서라도 효도하려는 마음을 이해하고 칭찬해주고, 또 이런 일로 온 가족이 함께 모여 좋은 시간을 보낼 수 있다는 것에 감사할 수 있으면 좋을 거예요. 그때에서야 기독교인들은 옹졸하고 배타적이며 타협을 모르는 아주 무례한 사람들이라는 오해를 불식시킬 수 있을 거예요.

세리들을 잔치의 자리에 초대하셨던 예수님처럼, 우리들은 그 어떤 사람들이라 할지라도 환대하고 환영하는 마음을 가져야 할 것인데, 형제들은 더욱 환대해야죠.

참된 성도의 모습을 보이기 시작할 때, 형제들은 신앙에 대해서 마음이 열리게 돼요. 우리는 너무 성급하게 복음을 전하거나 너무 강압적으로 복음을 전파하려다가 오히려 실패하기 쉽거든요.

우상에게 바친 음식이라고 해서 크리스천들이 먹지 말아야 할 것은 아니에요. 하나님 외에 다른 신은 없기 때문에 우상에게 바쳤다고 해서 그것이 실제로 우상에게 바쳐진 것이 아니에요(고전 8:4-6). 하나님께서 지으신 모든 것이 선하기 때문에, 어떤 음식이든지 감사함으로 받으면 버릴 것이 없어요(딤전 4:3-4). 감사함으로 음식을 먹는다면, 그 어느 것도 문제가 될 것이 없을 거예요(고전 10:30). 내가 우상을 숭배하겠다는 마음을 가진 것이 아니라면, 제사상에 차려졌던 음식을 함께 먹는 것은 나쁠 것이 아니에요. 하나님께 기도하면서 이것은 조상 제사를 위하여 사용된 것이지만, 하나님께서 주신 것이기에 하나님께 감사하는 마음으로 먹을 것이며, 형제들과 화목하라고 하신 주님의 뜻을 따르기 위하여 먹는 것이기에 감사함으로 먹겠다는 기도와 함께 먹으면 될 거예요. 물론 조상 제사에 참여하는 마음으로 제사 음식에 참여한다면 그것은 잘못이겠지만요(고전 10:20-21).

물론 마음에 거리낌이 있어서 먹고 싶지 않다면, 함께 한 형제들에게 신앙적인 이유 때문에 그렇게 하지 못한다는 점을 양해를 구하여야 할 거예요. 또한, 여러 가지 이유로(고전 8:9-13), 내가 제사의 음식에 참여하지 않는다는 것을 보여주기 원할 때에도 그와 같이 할 수 있을 거예요. 어떤 방식으로 하든 불신 형제의 마음을 얻기 위해 배려하고 있다는 것을 보여주는 것이 좋아요.

20

동성애를 정죄하는 설교 때문에 고통스러워요

? 동성애자인 저는 하나님께 이 죄악으로부터 해방시켜달라고 기도합니다. 하지만 아직도 동성애자입니다. 어느 날 목사님이 동성애자를 저주하고 비난하는 설교를 하셨습니다. 설교를 듣고 제가 어디에서도 인정받을 수 없다는 사실을 느껴 교회로부터 도망쳤습니다. 너무 괴롭고 죽고 싶다는 생각만 가득합니다. 이런 저도 하나님이 사랑하실까요?

안타깝네요. 설교를 듣는 가운데 동성애를 비난하는 것 같은 소리를 듣게 되었을 때 마음이 불편하여 도망쳤다고 하니, 아쉬워요. 왜냐하면, 설교는 결국 우리들의 잘못과 죄악을 드러내게 되어 있는 것이고, 그렇게 설교를 통해 자신의 잘못과 죄악을 지적받게 된다면, 회개하고 하나님 앞에 엎드려 자신의 잘못으로부터 벗어날 수 있도록 도와달라고 간구하는 것이 옳은 반응이기 때문이에요.

우리들은 모두 죄인이에요. 단 한 사람도 하나님 앞에 완벽한 사람은 없으며 자신이 가지고 있는 죄의 문제를 완벽하게 해결할 수 있는 사람도 없어요. 그럼에도 불구하고 하나님께서는 우리들을 사랑하셔요. 그래서 우리를 구원하기 위해서 독생자 예수님을 십자가에 내어주셨어요. 그래서 우리는 예수님을 믿음으로 받아들여야 하고, 더 나아가 더 이상 죄를 짓지 않기 위해 최선의 노력을 기울여야 하는 것이죠.

동성애의 경우 하나님께서 기뻐하시는 것이 아니에요. 성

(性)은 적법한 부부관계 안에서만 이루어져야 축복인 것이고, 그 외의 모든 성적인 관계는 이성애이든 동성애이든 하나님 앞에 죄악이에요. 그렇다면 우리는 옳지 않은 쾌락으로부터 벗어나기 위해 노력해야 하고 간구하는 것이 옳아요.

자신의 죄가 드러날 때 다 마음에 찔리게 되어 있는데, 그때 괴로워서 교회로부터 도망하고 귀를 막아버리고 계속해서 같은 행위를 반복해버린다면 마음은 편할 수 있겠지만 그 결과가 무섭다는 것을 기억해야 해요. 잠시 이 세상에서의 쾌락을 즐기는 것은 마치 선악과를 먹는 것과 같아요. 그것은 동성애의 죄만이 아니라 모든 죄가 다 마찬가지에요.

설교를 들을 때 마음에 찔림이 있거든 하나님 앞에 회개하고 그 죄로부터 벗어나기 어려운 상황을 불쌍히 여기셔서 구원해달라고 간구하는 것이 옳아요. 하나님은 여전히 우리를 사랑하시기 때문이에요.

21

퀴어축제에 대하여
어떻게 대응해야 할까요?

? 동성애 퀴어축제가 매년 열립니다. 그런데 이것을 막겠다고 하는 것이 오히려 기독교는 사랑이 없는 종교이며 독선적이라는 인상을 심어주는 것 같아 마음이 불편합니다. 다른 사람들에게 아무런 해를 끼치지 않는 동성애에 대하여 그렇게 반대를 하는 것이 옳을까요? 그냥 서로 다른 삶의 방식이라 생각하고 공존하는 것은 어떨까요?

성경은 동성애를 하나님께서 금하시는 죄로 규정하고 있어요(레 18:22; 20:13; 롬 1:26-27). 따라서 하나님의 말씀을 따라 순종하며 사는 크리스천들이라면 동성애가 잘못임을 인식하고 그 잘못을 범하지 않아야 해요. 사람들은 지금까지 동성애가 죄악이라는 것을 잘 알고 있었으며 그래서 동성애를 나쁜 것으로 인식해왔어요. 그 누가 가르쳐주지 않아도 말이에요. 하지만 시대가 변하면서 동성애를 죄로 보지 않으려는 경향이 생겨났어요.

그래서 동성애자는 성 호르몬이나 유전자 때문에 동성애적 성향을 가지고 태어나는 사람들이기에 그냥 다른 성적 지향을 가진 것뿐이지, 잘못은 아니라는 생각이 점차 퍼지게 되었어요. 마치 왼손잡이는 큰 문제가 있는 사람처럼 예전에 생각했었는데, 오른손잡이와는 다른 성향을 가진 것뿐이지 틀린 것은 아니라는 인식이 생겨난 것과 비슷해요. 그래서 요즘에는 동성애자들이 당당하게 자신은 그렇게 선천적으로 태어났을 뿐이라고 주장하면서, 비난하려면 나를 그렇게 만든 하나님을 비난하라고까지 말을 하고 있어요.

하지만 선천적으로 동성애 기질을 가지고 태어난다는 것은 정확하게 증명될 수 있는 성질의 것이 아니에요. 사람들의 선택에 의해 동성애를 하는 것으로 충분히 볼 수 있고, 동성애를 하던 사람도 마음만 먹으면 또는 적절한 과정을 거쳐서 이성애자로 변화될 수 있음을 충분히 여기저기서 보여주고 있어요.

더 나아가 동성애자들의 주장에 백번 양보하여 어떤 사람들은 태어나면서부터 선천적으로 동성애적 기질을 가지고 태어난다는 것을 인정하더라도, 바로 그러한 사실 때문에 그것은 아무 문제가 없는 것이라고 말할 수는 없어요. 아무리 선천적으로 도벽을 타고난 사람이라 할지라도 도둑질을 하는 것은 괜찮은 것이 아니라 죄악이며, 선천적으로 다른 사람을 공격하는 기질을 가지고 태어났다고 할지라도 다른 사람을 공격하는 것은 잘못이죠. 사실 우리 모두는 죄의 본성을 가지고 태어나요. 우리는 음욕을 품는 마음을 가지고 태어나며, 남을 시기하고 질투하는 기질을 가지고 태어나며, 남의 것을 탐하는 기질도 가지고 태어나요. 하지만 그렇기 때문에 그런 것들이 괜찮은 것이 아니에요. 이 모든 것들을 성경은 죄라고 규정하고 있어요. 동성애적 기질이 후천적인 것이 아니라 선천적인 것이라고 주장하는 것이 객관적 근거가 확실한 것이 아니지만, 설사 그렇다 하더라도 여전히 동성애는 죄일 수밖에 없어요. 성경에서는 적법한 부부관계가 아닌 그 모든 성적인 행위는 이성애이든 동성애이든 죄로 규정하고 있기 때문이죠.

그런데 동성애는 엄격히 말해서 다른 사람들에게 직접적인 피해를 주지 않는다는 점에서(?) 도둑질이나 살인과 같은 죄와는 그 성격이 달라요. 물론 이 말은 어폐가 있어요. 동성애로 인한 직간접적인 피해들이 실제로 있기 때문이죠. 아무튼 다른 죄와는 달리 직접적인 피해자가 있는 것은 아니라고 생각되어서, 오늘날 실정법에서는 동성애를 죄로 보지 않고 더 나아가 심지어 동성애를 정당한 것으로 인정하려는 경향이 있어요. 한때 죄로 간주하였던 간통죄를 이제는 폐지해버린 것과 마찬가지죠.

크리스천들은 동성애 합법화를 막는 데 최선을 다하여,

동성애가 사회 속에서 조장되지 않도록 하는 일에 동참할 필요가 있어요. 결혼보호법과 같은 입법 등을 통해서 신성한 결혼을 보전하는 일에 최선을 다해야 할 필요가 있어요. 그러나 이러한 우리의 노력은 성공을 거둘 수 없을지도 몰라요. 마음으로 미워하는 것이 하나님 앞에서 죄이지만, 그것을 입법화시켜서 처벌할 수 없는 것과 마찬가지죠. 이미 미국을 비롯하여 세계에서 동성애가 합법적인 일이 되어가고 있으며 그러한 추세를 막을 수는 없을지도 몰라요. 그럼에도 불구하고 크리스천들은 성경적인 가치관이 이 사회에 구현되도록 노력하는 것이 중요해요.

그러나 그런 동성애의 확산을 막고 신성한 결혼을 보호하려는 크리스천들의 노력이 무례하거나 과격한 방법으로 나타나서는 안돼요. 동성애가 죄라고 하는 사실은, 그러니까 동성애자들을 향해 비난과 차별을 가해도 좋다는 말이 아니에요. 기독교인이라고 이름하는 사람들 중에는 극단적인 신도들이 있어서, 타종교인들이나 동성애자들을 향해서 독설을 퍼붓고 모욕을 해도 좋다고 생각하는 사람들이 있어요. 사실 구약 성경에 보면 우상들을 불태우고 찍어버리는 것이 신실한 성도의 모습으로 그려지고 있고, 음행을 저지르는 자들을 처형하는 것이 하나님 앞에 신실한 모습으로 그려져 있기는 해요. 하지만 그렇기 때문에 오늘날 우리도 그렇게 해도 된다고 생각하면 큰 오산이에요.

구약에서 이스라엘은 하나님과 언약을 맺은 하나님의 백성이었어요. 그들은 하나님과의 언약을 통해 오로지 하나님만을 섬기며 하나님의 말씀대로 살기로 맹세한 민족이었고, 그렇지 않으면 하나님의 형벌을 받기로 약조한 백성이었어요. 그래서 그들의 범죄는 처벌의 대상이었고, 이스라엘 민족에게서 죄를 제거하는 것은 바른 일이었어요.

하지만 우리는 구약의 이스라엘과는 다른 시대에 살고 있어요. 지금은 신정국가 시대가 아니에요. 그래서 구약의 율법들을 그대로 행해서는 안돼요. 대체로 구약의 율법들은 도덕법(moral law), 제의법(ritual law), 시민법(civil law)으로 3구분하고 있는데, 그 가운데 제의법이나 시민법은 더 이상 우리들에게 적용되지 않아요. 그리스도께서 제의적인 율법들을 모두 성취하셨기 때문이고, 이제는 더 이상 신정국가에 살지 않기 때문이죠. 동성애자들을 죽이라든가 우상숭배자들을 죽이라는 명령들은 모두 신정국가인 이스라엘에게 특별히 주신 법이기 때문에 우리들에게 적용되는 말씀이 아니에요. 물론 그 정신은 우리가 분별하여 받아들여야 하지만 말이에요.

오늘날 우리는 고린도전서 5장에 있는 말씀에 귀를 기울일 필요가 있어요. "밖에 있는 사람들을 판단하는 것이야 내게 무슨 상관이 있으리요마는 교회 안에 있는 사람들이야 너희가 판단하지 아니하랴? 밖에 있는 사람들은 하나님이 심판하시려니와 이 악한 사람은 너희 중에서 내쫓으라."(고전 5:12-13) 즉, 불신자들이 우상을 섬기든 말든, 불신자들이 동성애를 하든 말든, 도둑질을 하든 말든 성도들이 상관할 바가 아니라는 말이에요. 절간에서 우상을 섬기고 있다고 하여 분노함으로 다가가 불상을 찍어버릴 것이 아니라는 뜻이죠. 동성애자가 혐오스러운 행동을 한다고 하여, 그들에게 다가가 똥물을 던져버릴 것이 아니에요.

하나님의 말씀대로 신실하게 살려고 하는 성도들 가운데는 의로운 분노가 가득한 나머지 동성애자들에게 달려가 멱살을 붙잡고 욕을 해대고 싶은 사람들이 있을 거예요. 타종교의 담장 안으로 넘어 들어가 우상을 박살 내고 싶어 하는 사람들이 소위 경건하다는 성도들 가운데 있어요. 그런데 성경을 좀 더 읽어보아야 해요. 세상 사람들이 전봇대로 이를 쑤시든 말든, 상관하지 말라고 말씀하시거든요(고전 5:12). 밖에 있는 사람들, 즉 불신자들의 악한 행동들은 하나님께서 판단하실 것이기 때문이에요(고전 5:13).

아쉽게도 우리는 자신에게서 발견되는 우상과 죄악들에 대해서는 관대해요. 불신자들의 우상숭배나 동성애에 대해서 마음이 불편한 것 이상으로 나 자신의 죄악에 대해서 더욱 불편해하고 분노해야 해요. 내 마음속의 탐욕과 물질을 우상으로 섬기며 하나님의 말씀에서 떠나있는 자신의 모습을 보며 가슴을 치고 회개해야 해요. 안타깝게도 우리는 나 자신의 죄에 대해선 너무나도 관대하면서, 하나님께서 상관할 필요 없다고 말씀하신 외부 사람들 즉 불신자들의 죄악에 대해서 너무 민감해 하고 있어요.

더 나아가 아쉽게도 우리 교회 안에 들어와 있는 죄악에 대해서는 아무런 조치가 없어요. 그런데 성경은 교회 안에 들어와 있는 악한 사람들, 즉 음행을 저지르거나 우상숭배를 하거나 여러 가지 악한 일을 하는 교인들이 있다면, 그들은 교회 내에서 축출해버리라고 권고하고 있어요(고전 5: 13). 그런데 교회 내에 있는 여러 성직자들의 잘못에 대해서 아무런 조치를 취하고 있지 않을뿐더러 오히려 감싸고돌고 있는 이상한 현상을 보이고 있는 것이 아쉬워요.

우리는 우리가 가진 힘으로 동성애자들을 굴복시키는 방식을 사용하면 안돼요. 그들이 벌이고 있는 퀴어집회를 실력을 행사해서 방해하곤 하는데, 이러한 방식은 결코 성경적이지 않아요. 복음은 무력으로 전파되는 것이 아니에요. 예수님께서는 칼로 말고의 귀를 잘라버린 베드로에게 이렇게 말씀하셨어요. "네 칼을 도로 칼집에 꽂으라. 칼을 가지는 자는 다 칼로 망하느니라"(마 26:52). 그리고 순순히 그들에게 끌려가 재판을 받으셨고, 그리고 결국 십자가 위에서 죽임을 당하셨어요. 하지만 결국 예수님은 지는 것 같았지만, 결국 세상을 정복하셨어요. 사랑으로 말이에요.

우리 한국 크리스천들에게는 파워를 키우고 그렇게 얻어진 파워를 가지고 세상을 향해서 힘자랑을 하려는 경향이 있어요. 예를 들면, 부활절 연합예배와 같은 것들이죠. 물론 여기에는 한국교회의 일치와 연합이라는 아주 좋은 성경적인 목적이 있죠. 하지만 동시에 함께 모여 기독교의 세력이 이렇게 크다고 하는 것을 과시하고 그것을 통해서 이 세상에서 무시 받지 않으려는 지극히 세속적인 동기도 숨어 있기도 해요.

놀랍게도 예수님은 진정한 파워를 가지고 계셨음에도 불구하고 그 파워를 사용하지 않으셨어요. 예수님은 베드로에게 이렇게 말씀하셨어요. "너는 내가 내 아버지께 구하여 지금 열두 군단 더 되는 천사를 보내시게 할 수 없는 줄로 아느냐?"(마 26:53) 그런데 아무런 힘도 사용하지 않고 십자가에서 힘없이 죽은 예수님이 세상을 정복하신 거예요.

성도는 이 세상의 방법대로 사는 사람이 아니라 하나님을 믿는 사람들이에요. 성도는 지는 삶을 살아야 해요. 오른편 뺨을 때리면 왼편도 돌려대야 해요(마 5:39). 내가 가진 힘으로 상대를 제압해버리고 승리를 쟁취하는 것은 성도의 모습이 아니에요. 안타깝게도 오늘날 성도라고 이름하는 사람들이 칼을 휘두르고 있어요. 그래서 그 칼로 세상을 정복하면 되는 줄 알고 있어요. 하나님 앞에 기도의 무릎을 꿇기보다는 세상 법정의 칼로 상대방의 귀를 잘라버리고 있어요.

복음을 전하는 것도 겸손하게 사람들의 마음을 얻는 방법이 아니라 내가 가진 칼을 휘둘러서 교회로 이끌어 들이고 있어요. 사장이라는 권위의 칼을 이용하고 상관이라는 권위의 칼을 이용하고, 또한 주요 거래처라는 갑(甲)의 칼을 이용하여 사람들을 교회로 이끌어 들이고 있어요.

그런데 우리의 힘을 모으고 키워서 우리의 규모를 보여주는 것을 통해서 우리가 세상을 얻을 수는 없어요. 일시적으로 우리가 휘두른 칼에 말고의 귀가 떨어질 수 있겠지만, 그리고 그러한 성과를 보면서 역시 힘이 있어야 한다고 생각하겠지만, 하지만 결국은 이 세상이 이 세상적 파워에 있어서는 더 강하다는 것을 알게 될 거예요. 그래서 예수님의 제자들이 다 도망간 거예요(마 26:56). 칼을 쓰다가는 우리도 다 도망가게 될 수밖에 없어요.

우리가 이 세상을 얻는 방법은 힘없이 십자가를 지신 주님의 길을 따르는 것을 통해서예요. 동성애자들의 집회를 우리의 힘을 동원하여 못하게 막는다고 해서 그들의 죄악이 중단되는 것이 아니에요. 오히려 더 노이즈마케팅에 이용되는 셈이죠. 그들이 피해자 코스프레하는 것에 이용당하는 것이죠. 사랑은 무례하지 않는 것이라는 성경적인 권고와도 배치되는 것은 둘째치고 말이에요.

우리가 하나님의 말씀대로 거룩하고 성결한 삶을 살 때, 사람들은 자신들의 부끄러움을 발견하게 될 거예요. 하나님께서 사람들의 마음속에 양심을 심어놓았기 때문이죠. 우리가 부자가 되고 우리가 높은 지위에 올라가고 우리가 이 세상에서 떵떵거리며 살게 될 때, 복음이 전파될 수 있는 것이 아니에요. 복음은 그 자체로 능력이 있어요. 그래서 바울 사도는 이렇게 외쳤어요. "내가 복음을 부끄러워하지 아니하노니 이 복음은 모든 믿는 자에게 구원을 주시는 하나님의 능력이 됨이라. 먼저는 유대인에게요 그리고 헬라인에게로다."(롬 1:16) 포로로 잡혀와 있었던 소녀의 말에 아람 나라의 군대장관 나아만이 귀를 기울였잖아요?

이제 우린 도로 우리의 칼을 칼집에 꽂아야 해요. 기독교 2000년의 역사가 보여주었듯이 교회가 힘자랑을 하기 시작할 때 항상 교회는 무너졌어요. 우리는 하나님 앞에 무릎을 꿇어야 해요. 하나님의 나라가 임하게 해달라고 기도해야 해요. 우리에겐 십자가가 있지만, 그것으로 끝이 아니라 부활이 있음을 기억해야 해요. 그리고 그 부활을 소망하면서 살아야 해요.

22

낙태죄 폐지에 대해서는
어떤 입장을 가져야 하나요?

? 강간을 당하여 잉태하게 된 태아도 낙태하
지 않고 낳아서 길러야 하나요? 어쩌면
여성은 늘 피해를 당하는 입장인데요. 그런 경우에도
낙태를 하지 말라고 하는 것은 너무 가혹한 것은 아
닐까요? 낙태는 모두 죄인가요? 요즘 낙태죄 폐지
운동이 일어나고 있는데, 이 운동에 대해서는 어떤 입
장을 가져야 할까요?

낙태는 단순히 임신을 중지하는 것이 아니라, 태아를 죽이는 살인행위인데요. 비록 아직 이 세상에 태어나지 않았지만 이미 어머니의 태 속에서 생명으로 자라는 것이 분명하기에, 낙태를 하는 것은 생명을 죽이는 일이에요. 국가에서 낙태하는 행위에 대하여 죄로 다스리고 있느냐 여부와는 상관없이 하나님께서 금하시는 것임이 분명해요.

그런데 낙태가 예외적으로 인정될 수밖에 없는 불가피한 상황들이 있을 거예요. 예를 들어, 산모를 살리기 위하여 치료를 하는 것이 결과적으로 태아를 죽이게 되는 경우가 있어요. 이런 경우 태아를 살리려다가 산모가 죽게 되기 때문에 불가피한 면이 있는 것이죠. 이것은 의도적으로 낙태를 하는 것과는 다른 차원이에요. 하지만 이런 극히 예외적인 경우를 제외하면 대부분의 경우에는 낙태는 옳지 않아요. 극히 예외적인 경우를 들면서, 낙태 행위를 옹호하는 것은 옳지 않아요.

심지어 강간으로 인하여 아이를 잉태하게 되었더라도, 그 문제를 해결하는 것이 태아를 죽이는 것이어서는 안 될 것 같아요. 그런 강간을 저지른 사람을 벌주는 것은 당연한 것이겠지만, 원하지 않은 생명을 잉태하게 되었다고 해서 함부로 생명을 죽이는 것은 옳지 않아요. 물론 그 아이를 제대로 기를 수도 없고, 원치 않는 임신으로 인하여 고통을 당하는 여성들이 있어요. 그런 여성들이 태아를 죽이는 극단적인 선택을 하고 그로 인하여 죄책감 가운데 살아가게 하기보다는, 우리 사회가 여러 종류의 돕는 단체를 만들어 그들을 도와줄 필요가 있어요. 우리들에게 불행한 일이 발생한다면, 태아를 죽이는 낙태로 문제를 해결할 것이 아니라 생명은 살리고 여러 가지 도움을 받아 이 문제들을 해결할 필요가 있어요.

요즘 우리 사회는 낙태죄를 폐지하는 방향으로 가는 것같아요. 그것은 낙태가 아무런 잘못이 없다는 의미는 아니에요. 간통죄가 폐지되었지만 간통 자체가 나쁜 것이 아니라는 의미는 아니듯이 말이죠. 다만 낙태가 아무리 잘못이라 하더라도 가장 힘들고 어려운 시기에 있는 사람들을 낙태죄로 다스리는 것이 바람직한 것인가에 대한 논의 때문에 낙태죄를 폐지하는 쪽으로 갈 수도 있어요. 그런데 낙태죄가 폐지되면 마치 낙태는 아무런 잘못이 없는 것이라고 오해하게 될 가능성이 생기고, 결과적으로 무고한 생명들을 살인하는 엄청난 일이 벌어질 수 있어요. 그래서 우리는 낙태죄를 폐지하는 것을 반대하는 입장에 서게 되는 것이죠. 국가가 어떤 결정을 하든지 간에, 낙태를 하는 것은 옳지 않다는 것을 기억해야 해요.

종종 낙태 찬성론자들은 극단적인 경우를 예로 들면서 그런 경우에도 낙태를 금지할 것인가를 묻곤 해요. 하지만 대부분의 낙태는 그런 극단적인 상황에서 벌어지는 것은 아니에요. 그냥 경제적인 이유로 또는 여러 가지 불합리한 이유들 때문에 낙태를 해버리려는 것이죠. 하지만 태아도 생명이라면 함부로 그 생명을 제거해버리는 것은 옳지 않아요.

23

우리 주변의 우상들을 찍어버려도 될까요?

? 성경은 하나님만이 참되신 하나님이며 그분만
을 섬길 것을 명령하고 우상들을 만들지 말라
고 가르치고 있습니다. 더 나아가 우상들을 찍어내고
부수어버리라고 명령하고 있습니다. 그런데 우리 사회
에 다양한 우상들이 있습니다. 이런 우상들이 우리 사
회에 있다는 것을 신자로서 참기 어렵습니다. 이런 우
상들을 어떻게 하면 좋을까요?

성경에는 우상을 만들지 말라고 명령하고 있을 뿐만 아니라 그 제단을 헐고 주상을 깨뜨리고 그 조각한 신상을 찍어버릴 것을 명령하고 있네요(신 12:2-3). 그리고 이러한 하나님의 명령에 따라 신실한 성도들은 이스라엘 민족 가운데서 우상을 찍어버렸고 죄악을 저지르는 사람들을 멸절시켰어요. 이러한 일은 하나님께서 보시기에 칭찬을 받을만한 일이었죠. 기드온의 경우, 하나님의 부르심을 받았을 때에 열 명의 사람들을 데리고 밤중에 바알 제단을 파괴한 적도 있어요.

그렇다면, 하나님만을 참되신 하나님으로 섬기는 우리 크리스천들도 우리 사회에 만연해있는 우상들을 부숴버려야 할까요? 성경 속의 믿음의 사람들처럼요? 우리 중에는 그렇다고 확신하고 실제로 주변에 있는 우상들을 부숴버린 사람들이 있어요. 그 일로 인하여 고난을 겪는 한이 있더라도, 이것이야말로 하나님 앞에서 신실하게 믿음을 지키는 것으로 생각했기 때문일 거예요.

1993년에 17사단 전차대대에서 있었던 일인데요. 어떤 크리스천 대대장은 그 부대 안에 있던 불교 시설물들을 철거해버렸어요. 그 부대 안에 보급창고가 부족하다면서 법당을 폐쇄해버리고 불상은 쌀 포대에 담아 뒷산에 버린 일이 있었죠. 결국, 국방부는 그 대대장을 구속하고 보직을 해임하는 일이 있었어요. 이뿐만이 아니죠. 2016년에는 김천 시내의 개운사에 어떤 크리스천이 들어가 불상을 파손하는 일이 있었어요. 우상이 서 있는 그 모습을 보고 독실한 크리스천들의 마음속에 의분이 일어난 것이죠. 또한, 우상들을 파손하는 것이 주님을 위한 일이라고 생각한 것이죠.

하지만 이러한 행동은 성경 전체의 가르침을 바르게 보지 못한 섣부르고 어리석은 행동일 뿐이에요. 구약성경에 기록된 하나님의 계명들은 도덕법(moral law), 의식법(ritual law), 시민법(civil law)으로 크게 구분할 수 있어요. 이 가운데 의식법과 시민법은 더 이상 우리들에게 해당되지 않아요. 예수님께서 십자가 위에서 피를 흘려주심으로 구약의 제의적인 모든 규정들을 실질적으로 성취하셨기 때문에 의식법을 지킬 필요가 없어졌어요. 그래서 우리는 더 이상 번제나 화목제 같은 것들을 드리지 않죠. 그리고 우리는 이제 신정국가의 체계 속에서 살아가는 것이 아니기 때문에 시민법도 더 이상 우리들에게 해당되지 않아요.

물론 우상을 섬기지 말라고 하는 것은 도덕법에 해당하기 때문에 우리들이 지켜야 할 법이죠. 하지만 우상을 훼파하라고 하신 것은 신정국가였던 이스라엘 민족에게 주신 시민법적 명령이었어요. 마치 부모를 공경하라는 것은 도덕법에 해당하는 것이지만, 부모를 치는 자녀들을 장로들에게 데리고 가서 돌로 치라는 것은 신정국가였던 이스라엘 민족에게 주셨던 시민법이었던 것과 마찬가지에요.

우상을 훼파하라고 명령하신 것은 이스라엘 민족이 하나님께서 통치하시는 신정국가(神政國家)였기 때문에 주신 명령이었어요. 이스라엘 민족은 원래 이집트의 백성으로 살아가던 백성이었어요. 그런데 그 이스라엘 민족이 해방되어 가나안 땅으로 가는 도중에 이스라엘 민족과 하나님 사이에 조약을 맺었어요. 시내산에서 있었던 일인데요. 하나님은 이스라엘 민족과 언약을 맺고 영원히 이스라엘 민족의 하나님이 되어주시기로 약속하셨고, 이스라엘 민족은 영원히 하나님만을 섬기는 백성이 되기로 약속했었어요. 그래서 하나님이 다스리는 신정국가가 된 것이죠. 그 약속의 조항들이 바로 십계명과 그 뒤에 나오는 계명들이에요. 그 율법의 계명들에 따라서 이스라엘 민족 안에는 우상을 세워서는 안 되는 것이었고, 이스라엘 민족 안에서 우상을 훼파해야만 했었던 것은 바로 이러한 맥락에서였어요.

하지만 우리들은 신정국가 시스템 속에서 살아가지 않아요. 물론 이 세상을 하나님께서 다스리지 않는다는 뜻은 아니에요. 넓은 의미에서 이 세상 그 어느 곳도 하나님이 다스리지 않는 곳은 없죠. 우리가 신정국가에서 살아가는 것이 아니라는 말은 이 세상이 하나님의 명령에서부터 열외상태라는 뜻도 아니에요. 다만 그 옛날 이스라엘 민족이 지니고 있었던 특수한 관계가 아니라는 뜻이에요.

그래서 다니엘과 세 친구는 바벨론에 끌려갔을 때, 거기에 세워져 있던 우상 앞에서 절을 하지는 않았지만, 그 우상을 훼파하려고 시도하지는 않았어요. 바벨론 나라는 하나님께서 다스리시는 신정국가가 아니었기 때문이죠. 우리나라도 마찬가지예요. 우리는 기독교 국가에 사는 것이 아니에요. 따라서 다른 종교를 가진 사람들과 함께 살아야 할 상황에 놓여 있어요. 이런 상황은 그 옛날 구약 시대의 이스라엘 민족의 상황과는 다른 것이죠. 그때에는 유일신 하나님만을 섬겨야 하는 나라로서 당연히 우상을 훼파해야 했지만, 지금은 같이 어우러져 살아가야 하는 상황 속에 있어요. 이러한 상황에서 우리 크리스천들은 어떻게 살아가야 할까요? 고린도전서 5장의 말씀은 우리들에게 답을 제공해준답니다.

첫째, 우리는 불신자들 또는 우상 숭배자들을 배척하고 적대적인 감정을 내보이며 살아갈 것이 아니라, 그들과 함께 평화롭게 같이 살아가야 해요(고전 5:9-10). 둘째, 우리들은 불신자들 또는 우상 숭배자들이 악을 행하는 것에 대하여 비난하거나 정죄하는 태도를 보여서는 안 돼요(고전 5:12). 물론 교회 내에 있는 성도들이 악을 행할 경우, 그들을 바로 잡고 온전한 길로 걸어갈 수 있도록 돕는 일이 필요해요. 그런 역할을 하는 것이 교회이기 때문이죠. 하지만 교회 밖에 있는 사람들에 대해서는 그들이 어떠한 악을 저지른다고 하더라도 상관할 것이 아니라고 성경은 가르치고 있어요. 왜냐하면, 교회 밖의 사람들은 하나님께서 심판하실 것이기 때문이죠(고전 5:13).

우리는 대한민국 국가의 법 테두리 안에서 살아가야 해요. 국가는 우리가 함께 살아가는 것을 보장하는 하나님의 도구이기 때문에 그 법을 지키는 것이 중요해요(롬 13:1-7). 그런데 법을 지키지 않으면 국가로부터 제재를 받게 되는 것이죠. 다른 사람들의 우상을 파괴하는 것은 사유재산을 침해하는 일이 될 것이고, 더 나아가 그 사람의 신앙의 자유를 침해하는 행위가 될 것이에요. 그러한 행위는 국가로부터 제재를 받게 되는데, 그렇게 법을 어겨놓고 자신이 복음 때문에 고난을 받는다고 말해서는 안 될 것이에요.

사실 우리는 힘으로 이교도들을 정복하겠다는 생각을 버려야 해요. 예수님께서는 베드로에게 "네 칼을 도로 칼집에 꽂으라"고 하셨어요. "칼을 가지는 자는 다 칼로 망하느니라"라고 하시면서 말이죠(마 26:52). 하지만 우리들은 우리가 가진 힘을 사용하여 이교도들을 굴복시키는 것이 복음을 전파하는 데 도움이 된다고 생각할 때가 많아요. 하지만 사랑은 무례히 행하지 않는 것이고, 무례하게 표현된 사랑은 참된 사랑일 수가 없어요. 이교도들의 우상을 찍어버리는 것으로는 이교도들을 회심시켜 돌아오게 할 수 없어요. 오히려 우리는 사랑을 베풀어야해요.

우상을 없애야 한다는 말씀은 다른 사람에게 있는 우상을 없애야 하는 것을 의미하는 것이라기보다는, 내 안에 있는 우상들을 없애라는 명령으로 들어야 해요. 때로는 돈을 우상으로 섬기기도 하고, 권력을 우상으로 섬기기도 하고, 자녀들을 우상으로 섬기기도 하거든요. 이 세상의 모든 좋은 것들이 우리들에게 우상이 될 가능성이 있어요. 사실 이 세상의 그 어떤 것도 우리를 구원할 수 있는 것은 없는데 그런 것들을 우상처럼 추종하는 것은 헛된 일이죠. 그래서 우리는 우리 안에 있는 우상을 없애야 하고, 주님만을 온전히 섬겨야 해요.

그런데 자신의 모습을 살피지 않고 다른 사람들이 우상을 섬기는 것을 보면서 그런 우상을 완력으로 없애려고 한다면 그것은 바른 성도의 모습이라 할 수 없을 것이에요.

24

취하지 않을 정도로 마시면
술을 마셔도 될까요?

? 교회를 다니면서 술 마시는 사람에게 술 마
시면 안된다고 하니, 취하지 않게 몇 잔은
괜찮다는 사람에게 어떻게 말해야 하나요? 예수
님도 포도주를 드시지 않았냐고 하는 말에 어떻게
대답해야 하는지요?

술은 아주 위험한 음료예요. 술에 취하게 되면 이성적인 판단이 흐려지게 되고, 정신이 마비가 되어, 경건한 삶을 살 수 없어요. 술에 취하는 것은 방탕한 것이며, 여러 가지 잘못을 저지르게 되기도 해요. 그래서 성경 전체의 가르침이 있다면, 술 취하지 말라는 것이에요(엡 5:18; 롬 13:13).

그런데 술이라는 게 절제하기 어려운 것이죠. 취하지 않는 선에서 조금씩 맛보며 즐길 수 있으면 좋겠지만, 안타깝게도 대부분의 경우에는 술에 취하는 단계로 넘어가기 쉬워요. 그래서 청교도들은 아예 술을 금했고, 그러한 전통이 우리 한국 교회 안에도 들어와 있어요. 술이라는 것이 아주 위험한 음료이고 절제하기 어려운 것이기 때문에, 잠언서에서는 아예 술을 쳐다보지도 말라고 강하게 권고하고 있어요(잠 23:29-31). 따라서 아예 금주를 하는 방법은 지혜로운 방법이에요. 금주를 실천한다면, 술에 취할 염려가 없거든요.

하지만 크리스천으로서 술을 조금씩 즐기는 사람이 있다

면, 비난할 것은 아니에요. 사실 신앙의 본질은 무엇을 먹고 마시느냐에 달려 있는 것이 아니거든요. 구약 시대에는 무엇을 먹는가가 중요했었어요. 먹어도 되는 깨끗한 음식이 있었고, 먹지 말아야 할 부정한 음식도 있었어요. 그래서 자신을 정결하게 하기 위해서는 음식을 가려서 먹어야 했어요. 참고로 술은 구약시대에도 먹지 말아야 할 부정한 음식으로 분류되지도 않았어요. 다만 나실인의 서원을 한 경우에만 한시적으로 금주가 요구되었었어요.

그런데 신약 시대에 들어서면서, 구약의 음식법은 더 이상 우리들에게 유효하지 않아요. 예수님께서 우리의 입으로 들어가는 것이 우리를 더럽히는 것이 아니라, 우리의 입에서 나오는 것이 우리를 더럽힌다고 말씀하시므로, 결국 "모든 음식물을 깨끗하다"고 선포하셨기 때문이죠(막 7:19).

더 나아가 디모데전서 4:1-5에서는 어떤 것들을 먹지 말아야 한다고 주장하는 거짓 선지자들의 가르침에 속아넘어가지 말라고 가르치고 있어요. 이 세상에 존재하는 모든 음식물은 하나님께서 지으신 것이기 때문에 감사함으로 받는다면 버릴 것이 없다고 가르치고 있어요. 신약에서의 관점은 어떤 음식이나 물질을 악한 것이라고 가르치지 않아요. 음식 중에 부정하기 때문에 꺼려야 할 것이 있지 않고 모든 것이 다 깨끗하며, 거리낌으로 먹는 사람에게는 악하다고 가르치고 있어요(롬 14:20). 심지어 바울 사도는 디모데에게 자주 나는 병을 위해서 포도주를 조금씩 쓰라고까지 권면하고 있어요(딤전 5:23). 심지어 예수님은 포도주를 즐기는 사람이라는 별명도 가지고 있었죠(마 11:19; 눅 7:34).

무엇을 먹고 먹지 않는게 신앙생활의 핵심이라면 얼마나 신앙이 쉬울까요? 하나님께 예물을 얼마나 드리는가가 신앙의 핵심이라면 얼마나 신앙이 쉬울까요? 그건 쉽게 할 수 있는 것들이에요. 물론 그런 것도 못하는 분들이 많이 있지만요. 그런데 하나님께서 더 중요하게 보시는 것은 정의(justice)와 긍휼(mercy)과 믿음(faith)이에요. 먹고 마시는 것 같은 것으로 시비를 걸 게 아니에요(골 2:16).

아무튼 술은 아주 위험한 음료이기 때문에, 자칫 잘못하면 술에 취하여 우리가 방탕하게 되고 죄를 저지를 위험이 커요. 그래서 아예 금주를 실천하는 것은 현명한 방법이에요. 그러나 취하고 방탕하지 않는 선에서 즐기는 사람을 비난할 것은 아니에요.

25

설교는 하나님의 말씀인가요?

? 강단 위에서 선포되는 말씀을 어떻게 받아들여야 할까요? 때로는 은혜스러운 말씀도 있지만, 때로는 꽤 불편한 메시지들도 있습니다. 설교는 모두 하나님의 말씀으로 받아들여야 하나요?

신앙생활을 함에 있어서 최고의 기준은 하나님의 말씀인 성경이에요. 오직 성경만이(sola scriptura) 우리의 신앙생활의 기준이고, 66권 성경 전체가(tota scriptura)가 우리의 신앙생활의 기준이에요. 따라서 성경보다 더 높은 신앙적인 기준이 있을 수 없어요.

설교는 하나님의 말씀인 그 성경 말씀을 전달하는 행위예요. 따라서 설교는 그런 점에서 하나님의 말씀이라고 할 수 있어요. 하나님의 말씀을 전달하는 것이니까요.

하지만 엄격하게 말하면 설교가 하나님의 말씀 그 자체(per se)는 아니에요. 물론 설교가 하나님의 말씀을 전달하려는 목적을 가지고 있고, 하나님의 말씀을 올바르게 전달했을 때에는 하나님의 말씀으로 받아들이고 그 말씀에 순종해야 할 거예요. 하지만 실제적으로 모든 설교가 하나님의 말씀을 그대로 아무런 오류가 없이 전달하는 것이 아니라, 때때로, 아니 자주, 잘못된 내용을 전달할 수 있으므로 하나님의 말씀과 설교는 구분되어야 해요. 어떤 경우에는 악의적으로 잘못된 메시지를 하나님의 말씀이라고 잘못 전달할 수도 있으며, 어떤 경우에는 의도하지는 않았지만, 설교자의 무지로 인하여 혹은 실수로 인하여 잘못된 메시지를 전할 수도 있어요.

사도 바울이 싸워야 했던 것은 거짓 선생들이었는데요. 그들은 예루살렘에서부터 왔고 하나님의 말씀을 전한다고 했지만 사실은 잘못된 가르침을 전했기 때문이죠. 그래서 사도 바울은 그들이 전한 메시지는 다른 복음이라고 하면서 비난하였어요. 그들의 설교를 하나님의 말씀으로 받아들여서는 안 된다고 했어요.

오늘날에도 수많은 이단들이 잘못된 사상을 강단 위에서 설교라는 형식을 사용하여 전파하고 있어요. 그런 잘못된 메시지들이 이단이라고 판명된 경우도 있지만, 아직 그렇게 판명되지 않은 채 지금도 어느 교회의 강단에서 설교라는 형식으로 전파될 수 있어요. 이단이 아니라 할지라도 수많은 목회자들이 강단 위에서 전하는 메시지들이 서로 상반되거나 각각 다른 메시지를 전하고 있는 것이 현실이에요. 때로는 정치적인 아젠다를 강단 위에서 전파하기도 하고, 선교후원을 목적의 설교를 하기도 하며, 자신이 어떤 특별한 영적인 파워를 가지고 있는 것처럼 포장하기도 하죠.

설교가 권위를 가지는 것은 그 설교를 누가 했는가에 달려있지 않고, 오직 그 설교가 하나님의 말씀인 성경에 근거하고 있는가에 달려 있어요. 똑같은 베드로를 향해서 예수님께서는 한번은 칭찬하시기도 하셨지만, 조금 뒤에 "너는 나를 넘어지게 하는 자"라고 하면서 책망하시기도 하셨잖아요? 누가 말했는가가 중요한 것이 아니라, 그 말이 과연 성경에 근거한 것인가가 중요한 거예요.

만일 어떤 설교가 성경에 근거한 말씀이라면 우리는 그 메시지를 하나님의 말씀으로 받아들여야 해요. 그럴 때 우리는 많은 영적인 유익을 누릴 수 있어요. 때로는 그 메시지가 우리의 본성을 거스른다 할지라도 하나님의 말씀에 충실한 설교를 받아들임으로써 영적인 진보를 이룰 수 있어요.

하지만 어떤 설교가 성경적으로 옳지 않은 내용으로 되어 있다면, 그 설교를 받아들여서는 안돼요. 성경은 무조건 믿으라고 가르치지 않고, 과연 하나님에 속하였는지 분별하라고 가르치고 있기 때문이에요(요일 4:1). 이 세상에 너무나도 많은 거짓 선지자들이 양의 옷을 입고 성도들을 미혹하고 있기 때문이죠.

26
목사님의 설교가
성경적으로 잘못된 것 같아요

? 우리 교회 목사님의 설교는 때때로 성경적인
메시지가 아니라 성경적인 가르침과는 정반
대되는 메시지를 전하는 것처럼 느껴질 때가 있습니
다. 참된 복음을 전하는 것이 아니라 기복주의 신앙을
주장하는 것처럼 느껴지기도 합니다. 이런 경우 어
떻게 해야 할까요?

목사님이 전하는 설교 메시지가 성경적으로 옳지 않은 것일 때가 있을 수 있어요. 예수 그리스도만이 우리의 참 구주가 되심을 전하여야 하는데, 신앙을 이용하여 이 세상의 부귀와 영화를 누릴 수 있다는 거짓 복음을 전하는 경우도 있어요. 이러한 기복주의적 신앙은 기독교 신앙처럼 보이지만, 사실은 성경에서 철저하게 경고했던 잘못된 신앙이에요. 그런데 목회자들 중에는 잘못된 신앙을 전파하는 경우가 있어요. 이럴 때는 정말 괴로울 거예요. 이럴 때에는 어떻게 해야 할까요?

먼저 우리는 설교가 100% 완벽할 수 없다는 것을 인정할 필요가 있어요. 아무리 뛰어난 설교자라 할지라도 그 모든 내용이 완벽할 수는 없어요. 따라서 어느 정도의 오류와 비성경적인 내용이 포함될 수 있다는 점을 이해할 필요가 있어요. 그래서 우리는 베뢰아 사람들처럼 스스로 성경말씀을 묵상하면서 과연 전파된 메시지가 성경적으로 옳은 것인지를 분별하면서 말씀을 들어야 해요(행 17:11). 그러면 우리는 좀 더 바른 내용을 깨닫게 되면서 은혜를 누리게 될 거예요.

하지만 그렇게 개인적으로 해결할 수 있는 것이 아니고, 많은 사람들의 영적인 유익에 반하는 심각한 문제가 있는 메시지라고 생각된다면, 성경적인 해결책이 있어요. 이 문제를 당사자인 목사님에게 찾아가 말하는 거예요(마 18:15). 찾아가서 말할 때에는 겸손한 마음으로 대화를 해야 해요(빌 2:1-4). 그래서 설교 메시지의 어느 부분이 어떤 면에서 성경적으로 잘못되어 있는지 대화를 나누어야 해요. 그러면 다음과 같은 유익을 얻을 수 있을 거예요.

먼저 설교자가 의도하지 않았는데 듣는 사람들이 오해할 만한 방식으로 전했을 경우, 설교자는 앞으로 자신이 설교를 할 때 보다 더 신중하게 설교를 할 수 있게 될 거예요. 한쪽을 너무 강조한 나머지 다른 한쪽을 무시해버린 경우를 바로 잡을 수 있을 것이고, 오해할 수 있는 여지들을 사전에 미리 조심해서 설교를 작성할 수 있을 거예요. 성도들의 반응은 설교자들이 설교를 좀 더 세밀하게 발전시킬 수 있도록 만들어줄 거예요.

또한 목회자와의 대화를 통해서 설교자가 제대로 전했는데, 내가 그 설교를 오해하였다는 사실을 발견하게 될 수도 있어요. 이러한 결과를 가져오는 것은 오직 겸손한 마음으로 다가갔을 때에 가능한 거예요. 내가 잘못 들을 수 있는 가능성이 있다는 점을 생각하고, 대화해 나간다면 내가 잘못 이해했던 것을 바로 잡을 수 있는 기회가 될 거예요.

그런데 전혀 예상치 못한 반응이 설교자에게서 나올 수도 있을 거예요. 분명히 잘못된 것을 주장한 것인데 그것을 수정할 마음이 없을 수도 있어요. 이것은 아주 심각한 문제인데, 이 경우에는 당회나 노회에 말하여 이 문제를 바로 잡아달라고 요청할 수 있을 거예요. 그렇게 되면 당회나 노회가 이 문제를 바로 잡아서, 모든 성도들에게 유익이 되도록 처리할 거예요.

만일 그렇게 해도 해결되지 않는다면, 결국 그 교회는 떠나는 것이 옳아요. 이단적인 사상을 가르치는 교회에서 신앙생활을 계속하는 것은 영적인 자살행위와 같기 때문이죠. 가능하면 많은 사람들에게 말하여 그들이 잘못된 가르침에서부터 벗어날 수 있도록 도와주어야 할 거예요.*

---

* 제이 아담스, 『설교는 이렇게 들어야 합니다』(생명의말씀사, 1993)를 보면 더 구체적인 안내를 받을 수 있습니다.

27

어떤 교회가 참된 교회인지
무엇을 보고 알 수 있을까요?

? 교회의 바른 표지(Sign)는 말씀의 선포, 성례
의 시행, 권징의 시행이라고 들었습니다. 오늘
날 성찬식을 매주 시행하는 교회는 찾아보기 힘들고,
교인들을 성경 말씀에 따라 징계하고 권면하는 교
회도 찾아보기 힘듭니다. 이 세 가지가 교회가 참된
교회임을 나타내주는 바른 표지가 맞는지요? 무엇을 보
고 참된 교회인지 알 수 있을까요?

종교개혁자들은 참된 교회를 나타내는 지표로 세 가지를 말했어요. 그것은 말씀의 선포(verbi prae-dicatio), 성례의 준수(sacramentorum observati-o), 치리 또는 권징(disciplina)입니다. 즉 하나님의 말씀이 선포되고, 성례를 시행하고, 권징을 시행하는 교회가 진짜 교회라는 거예요. 그런데 이러한 기준은 종교개혁 당시 로마 천주교와의 투쟁 속에서 나온 기준이에요. 그러니까 사실은 이 외에도 다른 기준들을 더 생각해볼 수 있을 거예요. 예를 들어, 서로가 사랑하고 있는가로 판단해볼 수도 있어요. "너희가 서로 사랑하면 이로써 모든 사람이 너희가 내 제자인 줄 알리라"(요 13:35)고 말씀하셨기 때문이죠.

그런데 이런 기준들은 단순히 어떤 교회에서 말씀의 선포가 이루어지고 있느냐, 얼마나 자주 성례를 시행하느냐, 권징을 시행하고 있느냐는 것만을 의미하는 것이 아니에요. 참된 교회의 표지로서의 말씀의 선포라는 기준은 예배 시간에 그저 설교를 하고 있으면 되는 것이 아니라, "참된 말씀"이 선포되는 것을 의미해요. 로마 천주교에서 전하는 것처럼 잘못된 메시지를 전하는 것에 비하여 참된 교회는 성경적으로 바른 메시지를 전하는 거예요. 그러므로 개신교회의 예배 시간에 설교하는 시간이 있다는 사실만으로 충분한 것이 아니라, 그 설교 시간에 성경적으로 바른 메시지가 선포되는가가 참된 교회인지 아닌지를 구분하는 기준이 되는 거예요. 이단들은 설교 시간에 이단 사설을 전하기 때문에 참된 교회가 될 수 없는 것처럼, 어떤 교회의 강단에서 참된 복음의 메시지가 아니라 기복주의 신앙을 전한다든지, 율법주의적 신앙체계를 선포하고 있다면, 그런 교회는 참되고 바른 교회라고 할 수 없을 거예요.

참된 교회의 두 번째 표지인 성례의 시행도 마찬가지에요. 이것은 단순히 어느 교회에서 성례를 시행하고 있느냐, 얼마나 자주 하느냐의 문제가 아니에요. 어떤 교회에서는 매주 성찬식을 거행하기 때문에 자신들이야말로 진짜 교회라고 주장하는데, 그것은 본질이 아니에요. 오히려 "바른" 성례를 시행하는가의 문제에요. 잘못된 성례는 마치 떡과 포도주가 진짜 예수님의 살과 피인 것처럼 생각하고 미신적으로 성체(聖體, 떡과 포도주)를 대하는 거예요. 천주교에서 성례를 대하는 방식이 바로 그런 방식이죠. 성찬식에서의 떡과 포도주는 주님의 죽으심을 상징하는 것이고, 주님께서 그 성찬예식 때에 함께 하실 뿐이지, 그 떡이 바로 예수님의 진짜 살이고 그 포도주가 예수님의 진짜 피라고 간주하여 미신적으로 그런 떡과 포도주를 대하는 것은 잘못된 생각이에요. 더 나아가 이런 성찬예식은 집전하는 사람이 어떤 영적인 파워를 가지고 있어서 성찬 참여자에게 떡을 줄 수도 있고 주지 않을 수도 있어서, 하나님의 은혜가 성도들에게 바로 전달되는 것이 아니라 성직자라는 중개자를 통해서만 하나님의 은혜가 전달되는 것처럼 성찬을 시행한다면 그런 교회는 잘못된 성찬을 시행하는 거예요.

참된 교회의 세 번째 표지인 권징의 시행은 단순히 성도들을 징계하는 일을 하는가 여부를 말하는 것이 아니에요. 사실 징계(discipline)는 성도를 온전히 세우는 넓은 의미로 이해해야 해요. 교회의 목적은 성도들이 잘못된 길에서 돌이켜 바른 길로 걸어갈 수 있도록 서로 돕는 것인데, 이러한 기능이 살아 있어야 제대로 된 교회라고 할 수 있다는 의미에서 참된 권징이 있는가를 표지로 삼은 거예요. 성도를 바르게 세우는 것은 단순히 징계를 해버리는 데 있지 않아요. 잘못된 자식이 바른 길로 돌아오게 하기 위하여 어머니가 부단한 노력을 하는 것처럼, 교회는 성도들이 바른 길로 걸어갈 수 있도록 다양한 방법으로 도와주어야 해요. 그런 점에서 징계가 없어 보인다 할지라도 성도들을 바른 길로 이끄는 교회라면 그 교회는 바른 교회라 할 수 있을 거예요. 반면 성도들에 대해서 징계를 남발하고 있는데, 사실은 그 목적이 성도들을 온전하게 하기 위한 목적이 아니라 교회 내에서 목회자의 권위를 방어하기 위한 목적으로 하는 것이라면 바른 징계라고 할 수 없을 거예요.

이 중에서 가장 중요한 것을 꼽으라고 한다면, 그것은 "하나님의 말씀이 바르게 선포되어야 한다"는 것을 꼽고 싶어요. 율법주의적 신앙을 조장하고 기복주의를 부추기는 메시지가 선포된다고 하면 그런 교회는 바른 교회라고 할 수 없어요.* 그런 메시지에는 예수님께서 이 세상에 오셨다는 복음이 들어갈 자리가 없기 때문이죠. 그리고 바른 복음이 선포되어야 제대로 성도를 영적으로 성장시킬 수 있기 때문이에요.

---

* § 37. "기복주의 신앙은 무엇이 잘못된 것인가요?"에 대한 답변 참조.

28

믿음을 고백할 수 없는 유아에게
세례를 주는 이유는 무엇인가요?

 신앙은 자신이 믿음으로 결단해야 하는 것이
아닌가요? 왜 아직 아무것도 모르는 유아들에
게 세례를 주는 것인가요?

교회에서 세례를 줄 때, 아무에게나 세례를 주지
않고 과연 그 사람이 예수님을 자신의 구주로 받
아들이는지 그 사람의 믿음을 먼저 확인하죠. 교

회는 그렇게 주님을 영접하고 세례를 받은 성도들로 구성돼요. 교회는 단순한 친목 단체가 아니라 신앙의 공동체이기 때문에 예수님을 구주로 믿는 믿음의 고백이 있는 사람들로 구성하는 거예요. 믿음이 전제되는 공동체인 것이죠.

그런데 이 세례와 관련하여 오해가 많아요. 그것은 세례를 받는 것이 곧 구원을 받았다는 증표일 것이라고 오해하는 거예요. 예수님을 믿는 사람은 구원을 받은 것인데, 세례는 예수님을 믿는 사람들에게 베푸는 것이니까, 결국 세례를 받은 사람은 구원을 받은 사람이라고 오해하는 거죠. 그래서 임종 이전에라도 반드시 세례를 받게 하고 싶은 열망들이 있어요. 하지만 세례와 구원과는 아무런 관계가 없어요. 세례를 받은 사람들이 모두 다 천국에 들어가는 것도 아니고, 세례를 아직 받지 못했다고 해서 천국에 들어가는 것이 거부되는 것도 아니에요. 세례는 단지 내가 예수님을 믿음으로 받아들인다는 사실을 공표하는 행위일 뿐이에요. 실제로 구원을 받는 것은 참된 믿음이 있는가가 중요해요.

세례를 구원의 증표로 생각하기 때문에 유아들에게 세례

를 베푸는 것에 대해서 이해하지 못하는 거예요. 유아들은 아직 믿음을 고백할 수 없는 단계이기 때문이죠. 그들이 구체적으로 예수님을 믿었다는 것을 증명할 수 없어요. 그래서 일부 교단에서는 유아들에게 세례(침례)를 주는 것을 거부해요. 참된 믿음이 있는가를 확인할 수 없다면 세례를 줄 수 없다는 것이 그들의 입장이기 때문이죠.

하지만 장로교 전통에서는 유아들에게 세례를 시행해요. 그것은 세례를 구원의 증표로 보지 않기 때문이에요. 세례는 구원의 증표라기보다는 오히려 자신이 신자임을 선포하는 행위예요. 즉 교회라는 공동체의 일원이 되었다는 것을 나타내는 표시죠. 일반적으로 교회라는 공동체의 일원으로 받아들일 때에는 믿음이 있는가 여부를 확인해요. 그런데 아직 믿음을 고백할 능력이 없는 유아들의 경우에는 교회의 일원으로 받아들이지 않아도 될까요? 장로교회에서는 성경적인 가르침에 따라서 유아들도 언약의 공동체의 일원으로 받아들이는 것이 옳다고 본 거예요. 그 옛날 아브라함의 자녀들에게 할례를 시행하여 아브라함에게 속한 모든 식구들이 아브라함의 언약 안에 있다는 점을 보여준 것처럼요. 성경은 "주 예수를 믿으라. 그리하면 너와 네 집이 구원을 받으리라"(행 16:31)고 했어요. 따라서 아직 믿음을 고백할 수 없는 유아라 할지라도 만일 그들의 부모가 언약의 공동체이자 신앙 공동체 안에 들어와 있다면, 그 유아들도 교회 공동체의 일원으로 받아들여서 교회가 영적으로 돌볼 수 있는 책임을 지겠다는 의미로 유아세례를 베푸는 거예요. 공동체의 일원이 아니면 징계를 할 수도 없고 영적으로 돌보는 것이 불가능한데, 유아세례를 통해 교회의 일원으로 받아들여서 영적으로 돌보아주겠다는 의미인 것이죠.

29

유아가 죽을 경우 어떻게 되나요?

? 우리가 구원을 받는 것은 예수님을 믿고 영접함으로써 가능하다고 배웠습니다. 그런데 아직 지적인 능력이 발달하지 않은 유아는 예수님에 대해서 이해할 수도 없고 자신의 의지로 예수님을 구주로 영접할 수도 없을 것입니다. 그런데 이런 유아가 불행하게도 죽게 되었을 경우, 이들의 영혼은 어떻게 되나요? 이들도 천국에 갈 수 있을까요?

구원의 문제에 대해서 우리는 어떤 사람이 구원을 받을 수 있다고 말하거나, 어떤 사람이 구원을 받을 수 없을 것이라고 말하는 것은 섣부른 거예요. 우리는 하나님의 오묘하신 뜻을 익히 다 알 수 없기 때문이죠. 흔히 천국에 가면 세 번 놀랄 것이라고 해요. 첫째, 당연히 천국에 올 것으로 생각했던 사람이 천국에 보이지 않는다는 사실에 놀랄 것이고, 둘째, 천국에 올 수 없을 것으로 생각했던 사람이 천국에 와 있다는 사실에 놀랄 것이고, 마지막으로, 자기 자신이 천국에 와 있다는 사실에 놀랄 것이라고 해요. 누가 지어낸 말이기는 하지만, 상당히 일리가 있는 말이죠. 그만큼 우리는 어느 사람의 구원에 대하여 확신을 가지고 말할 수는 없어요.

유아의 경우에도 마찬가지예요. 과연 이들이 구원을 받을 수 있을까요? 구원을 받을 수 없을까요? 유아 때에 죽은 아이들의 운명은 과연 어떻게 될까요? 우리는 알 수 없어요. 하지만 우리는 성도들의 자녀들은 구원을 받았을 것이라고 미루어 짐작하는 것이 옳다고 생각해요. 왜냐하면 "주 예수를 믿으라. 그리하면 너와 네 집이 구원을 받으리라"(행 16:31)라고 말씀해주셨기 때문이죠. 구약시대에 아브라함의 언약 하에서 모든 가족이 할례를 받음으로 언약의 공동체 속에 있었던 것처럼, 성도의 자녀들은 구원을 받는 구원의 공동체에 있을 것이라고 보는 것이 자연스럽죠.

그런데 그들이 구원을 받았을 것이라면 무엇에 근거해서 구원을 받았다고 할 수 있을까요? 그것은 그 아이가 아직 죄를 짓지 않아서 죄가 없기 때문에 구원을 받는 것은 아니에요. 성경은 인간은 누구나 죄인이고, 단 한 사람도 예외 없이 철저하게 타락한 존재라고 가르치고 있으며, 태에서부터 죄 중에 출생한다고 가르치고 있어요. 따라서 유아 상태에서 죽은 아이가 만일 구원을 받는다면 그것은 그가 죄를 짓지 않았기 때문은 아닐 거예요.

유아 때에 죽은 아이가 구원을 받는다면 그것은 하나님의 무조건적인 은혜와 선택에 의하여, 또한 그리스도께서 모든 사람들을 위하여 흘려주신 대속의 피로 인하여, 또한 성령께서 그리스도의 속죄의 사역을 개인에게 적용시키는 사역을 통하여 구원을 얻게 될 거예요.

30

베리칩을 받으면
구원을 상실하게 되나요?

? 베리칩을 받으면 안 된다고 하는 이야기를 들
었습니다. 도대체 베리칩은 무엇이고 왜 베리
칩을 몸에 받으면 안 된다고 하는 것인가요? 베리칩
을 받게 되면 구원을 상실하게 되나요?

요한계시록 13장을 보면, 마지막 때에 짐승의 우상에게 경배하라고 강요하는 일이 있을 것이며, 짐승의 우상에게 경배하지 않을 경우 죽일 것이라는 예언이 있어요(계 13:15). 그리고 모든 사람들에게 짐승의 표를 오른손이나 이마에 받게 하는 일이 있을 것인데(계 13:16), 짐승의 표를 받지 않으면 매매를 할 수 없을 것이라고 예언하고 있어요(계 13:17). 또한 그 짐승의 수가 666이라고 기록하고 있죠(계 13:18).

과연 이러한 일이 언제 있을 것인지 그리고 이 예언이 실제적으로 무엇을 가리키는 것인지 역사적으로 많은 관심이 있었어요. 초대교회 시절에 그 짐승은 네로 황제일 것이라고 생각했었죠. 헬라어 알파벳은 각각 숫자를 나타낼 수 있는데, 네로라는 이름에 해당하는 알페벳의 숫자의 합이 666이 된다는 점에 착안한 거예요. 그리고 그 네로 황제가 교회를 핍박하는 등 적그리스도처럼 행동했기 때문에 네로가 바로 적그리스도이며 요한계시록에 나오는 짐승이라고 생각한 거예요. 그 이후로 교회를 핍박하는 사람들이 등장할 때마다 또한 악을 행하는 사람들이 등장할 때마다 요한 계시록에 나오는 적그리스도 또는 짐승일 것이라고 추측하곤 했었어요. 심지어 컴퓨터가 등장하고 바코드가 등장하면서 이런 것들이 짐승의 표라고 생각하기까지 했어요. 그래서 바코드를 찍으면 안 된다고 하는 주장이 나오기도 했었죠. 하지만 이런 모든 주장들은 모두 잘못된 주장들이에요.

요즘 들어서는 베리칩(verichip)이 바로 요한계시록에서 말하고 있는 짐승의 표이기 때문에 이 베리칩을 인체에 심는다면 구원을 받지 못할 것이라는 주장이 활개치고 있어요. 카카오페이같은 기능들이 더 발전하여 인체에 직접 결재정보를 심어 넣을 때가 곧 다가오는데, 그게 바로 베리칩이라는 것이라는 것이고, 그 베리칩을 모든 사람들에게 강제로 인체에 심게 될텐데, 이런 베리칩이 없으면 매매 자체가 불가능하게 될 것이라고 주장하면서, 이런 때가 다가온다면 결단코 이 베리칩을 받지 말아야 한다는 주장을 하고 있는거죠. 요즘 사람들이 많이 모이는 곳에 가보면 그런 주장을 알리는 신도들을 많이 볼 수 있어요. 그런 주장들을 듣다 보면 몸이 오싹해지는 기분이 들 거예요.

하지만 베리칩이 요한계시록에 나오는 짐승의 표라는 것은 억지 주장일 뿐이에요. 베리칩과 같은 것이 나오더라도 그것을 전 인류에게 강제로 시행할 리는 만무해요. 매매수단의 하나가 되기는 하겠지만, 그것만이 유일한 매매수단이 될 수는 없을 거예요. 크레딧 카드가 편리한 결제수단이지만, 아무에게나 발급하는 것이 아니라 결재능력이 되는 사람들에게만 발급하는 것과 마찬가지 이치죠. 백번 양보해서 설사 강제적인 매매수단이 된다 하더라도 만일 신실하게 예수님을 믿는 어떤 성도가 베리칩을 받고 싶지는 않았는데, 누군가에 의해서 마취를 당해서 자신의 의지와는 상관없이 베리칩을 신체에 심게 되었다면, 그 사람은 구원을 상실하게 될까요?

성경에 나타난 하나님의 약속은 분명해요. 누구든지 예수님을 마음으로 영접하는 사람들은 구원을 받아요(요 1:12; 11:25-26; 행 16:31). 구원을 얻는 것은 하나님의 일방적인 선물이죠(롬 3:28; 엡 2:8-9; 딤후 1:9). 그리고 하나님께서 구원하시기로 작정한 사람들은 그 구원을 잃을 수도 없어요 (요 6:37-40; 롬 8:30). 베리칩을 신체에 받았느냐 받지 않았느냐가 구원의 기준이 될 수 없어요.

더 나아가 요한계시록 13장의 본문을 세심히 살펴보면, 이마나 오른손에 받은 표가 매매의 수단이라고 말하고 있지 않아요. 단지 이 세상의 사람들을 두 부류로 나누는데, 짐승의 표를 받은 사람들과 받지 않은 사람들로 나누어 오직 짐승의 표를 받은 사람들에게만 매매를 허락한다고 되어 있을 뿐이에요. 짐승의 표를 이마나 오른손에 받는 것은 상징적인 의미인데요. 어떤 사람이 누구에게 속해 있는가를 나타내는 거예요. 마치 양들에게 인을 쳐서 누구에게 속한 양인가를 구분하는 것처럼, 하나님의 인을 받은 사람은 하나님에게 속한 사람들이고 사탄의 인을 받은 사람은 사탄에게 속한 사람이라는 것을 말하려는 상징적인 표현이에요. 실제로 이마나 오른팔에 어떤 표식을 했는가를 의미하는 것이 아니에요.

예수님을 마음으로 영접한 사람들은 이마나 오른팔에 하

나님의 표를 받은 사람들에 해당해요. 즉 하나님께 속한 사람들인 것이죠. 반대로 예수님을 마음으로 영접하지 않은 사람들은 이마나 오른팔에 짐승의 표를 받은 사람들에 해당해요. 즉 사탄에게 속한 사람들에 해당해요. 예수님을 거부하는 것이 짐승의 표를 받는 것이지, 베리칩을 받는 것이 짐승의 표를 받는 것이 아니에요. 예수님을 영접한 사람들은 하나님의 표를 받은 사람들, 즉 하나님에게 속한 사람들이지요.

짐승의 표를 받지 않으면 매매를 하지 못 하는 일이 일어날 것이라는 예언은 하나님을 배반하고 사탄에게 복종하지 않으면 삶이 어려울 것임을 뜻하는 거예요. 예수님을 믿는다는 이유 하나 때문에 집단 따돌림을 당하게 되잖아요? 매매를 하지 못한다는 것은 단순히 매매만 못 하게 한다는 의미라기보다는 생활 자체가 불가능하게 만들어버릴 것이라는 의미의 대유법적 표현이죠.

이러한 예언은 부분적으로 이미 이루어졌어요. 왜정시대에 신사참배를 하지 않으면 학교에도 다닐 수도 없었고 공직에 나갈 수도 없었어요. 그래서 사람들은 신사참배하는 일에 굴복해버렸어요. 사탄에게 굴복한 셈이죠. 그게 바로 짐승의 표를 받는 것이에요. 다니엘 시대에도 이러한 일들이 있었어요. 느브갓네살 왕이 세운 신앙에게 절하지 않으면 죽여버리겠다는 위협 때문에 배도하는 일이 있었어요. 물론 참된 성도들은 죽음을 각오하면서도 굴복하지 않았지요. 그들은 사탄의 표를 거부한 셈이죠. 마지막 때에는 이와 비슷한 일들이 또 일어날 거예요. 아마 더 강력하게 일어날 거예요. 이미 일어나고 있기도 해요. 하나님의 뜻에 순종하면 죽을 것만 같고, 이 세상의 방식대로 살아야만 살 수 있을 것이라는 위협 속에 우리들은 살고 있어요. 그래서 수많은 사람들이 사탄의 방식에 굴복하면서 살아가죠. 이것이 바로 짐승의 표를 이마나 오른손에 받는 행위인 거예요. 하지만 참된 성도들은 이러한 위협 속에서도 믿음으로 살아가지요. 그들은 사탄에게 굴복하지 않는 거예요. 이것이 짐승의 표를 이마나 오른손에 받지 않는 거예요.

31

천주교를 믿어도

구원받을 수 있나요?

? 예전에는 천주교에서 받은 영세를 교회에서
인정했는데, 요즘에는 인정하지 않고 다시
세례를 준다고 들었습니다. 입장이 자꾸 변하는 이유는
무엇인지요? 천주교에서 신앙생활을 하면 구원을 받을
수 없는 것인가요?

천주교와 개신교는 많은 점에서 유사점이 있어요. 원래 하나의 신앙 전통에서부터 출발했기 때문이죠. 하지만 시간이 흐르면서 천주교가 타락의 길로 걸어갔고 성경적인 가르침에서부터 멀어졌기 때문에 16세기에 종교개혁이 일어났어요. 16세기의 종교개혁은 천주교가 잘못 가르쳤던 것들을 바로 잡고 오직 성경의 가르침에 근거하여 오직 하나님의 은혜로 오직 예수 그리스도를 통하여 구원받는다는 점을 분명히 했죠.

물론 그 이후에 천주교는 많은 변천을 거쳤고 스스로 개혁을 하기는 했지만, 여전히 여러 부분에서 성경에서 벗어나 있어요. 그러므로 천주교보다는 개신교가 더욱 성경적인 가르침에 충실하므로 개신교에서 신앙생활하는 것이 바람직해요.

물론 개신교 중에서도 성경의 가르침을 바로 가르치지 않고 기복주의나 신비주의로 빠진 교회들이 있어서, 정말 성경적으로 바르게 가르치는 교회가 무엇인지 분별할 필요가 있어요. 그런 점에서 신앙생활을 할 때, 성경적으로 바른 교회가 어떤 교회인지 분별할 필요가 있어요.

천주교에서는 예수 그리스도께서 유일한 구세주가 되신다는 사실을 약화시키는 가르침이 너무 많아요. 예수님께서 십자가에 못박혀 죽으심으로 말미암아 우리가 이제는 직접 하나님께 나아갈 수 있는 자녀의 특권을 얻었다는 것이 성경적인 가르침이에요. 그런데 천주교에서는 여전히 하나님과 우리 사이에 중재자들을 두고 있어요. 예를 들면, 성모 마리아나 성인들이나 천사들에게 기도하면 내가 직접 하나님께 간구하는 것보다 더 효과적일 것이라는 가르치고 있죠. 신부들에게 죄를 고백하기도 하고 신부로부터 죄 용서의 선언을 듣기도 하죠. 신부를 통해서 성체를 받는 것이 하나님의 은혜를 전달받는 것이라고 가르치기도 하구요. 결국 이러한 가르침은 예수 그리스도의 십자가에서의 구원을 약화시키는 결과를 가져온다는 데 문제가 있어요.

이러한 잘못된 가르침은 성경을 최고의 기준으로 삼지 않는 데서부터 비롯된 거에요. 천주교는 성경의 가르침보다는 교회의 결정을 실제적으로 우선시하고 있어요. 또한, 성경

66권 외에 외경들도 성경과 똑같은 권위를 가진 것으로 보고 있어요. 결국 성경에서 말하지 않는 잘못된 교훈들을 받아들이고 있어요. 예를 들어, 마리아가 영원히 동정녀로 있었고 승천했다는 주장이나, 사람들이 죽어서 연옥에 간다는 것들은 성경에는 나오지 않는 것이에요. 결국 그 연옥에 간 사람을 천국으로 가게 하기 위해서는 이 세상에 아직 살아 있는 사람들의 공로를 통해서 천국에 간다는 결론으로 연결되는데, 이것 역시 예수 그리스도의 유일성을 훼손하는 가르침이 되는 거에요.

하지만 천주교에서 신앙생활을 하면 구원을 받지 못하는 것일까요? 이 문제에 대답은 쉽지 않아요. 우선 누가 구원을 받을 수 있는가 하는 문제는 우리의 권한 밖의 일이기 때문이에요. 우리가 할 수 있는 최선의 대답은 누구든지 예수 그리스도를 믿고 영접하는 자마다 구원을 얻을 것이라는 대답이에요.

과거에는 그런 점에서 천주교에서 했던 영세를 인정했었어요. 세례를 누가 주었는가보다 더 중요한 것은 예수 그리스도를 믿는 믿음 속에서 성부와 성자와 성령의 이름으로 세례를 받는다면 유효하다고 보는 기독교 역사 속에서의 전통 때문이었죠. 이것은 도나투스 논쟁에서 정리된 것인데요. 로마의 박해가 심하던 당시에 배교한 성직자가 베푼 세례가 무효라고 하면서 세례를 다시 주어야 한다고 주장했던 도나투스의 주장에 반대하여 어거스틴은 세례는 누가 주었느냐가 중요한 것이 아니라 성삼위 하나님의 이름으로 베푼 것은 유효하다는 입장이었어요. 결국 교회는 어거스틴의 입장을 따르고 도나투스주의를 이단적인 가르침으로 낙인을 찍은 바 있어요. 따라서 천주교에서 받은 세례라고 할지라도 개신교에서는 인정하고 입교의식만을 통해 교회의 일원으로 받아들였던 거예요.

하지만 최근 합동 교단에서 천주교를 이단으로 정죄하고 인정하지 않으려는 움직임이 강하게 일어나 천주교의 영세를 인정하지 않겠다는 결정을 했어요. 이것은 세계교회의 흐름과는 동떨어진 결정으로 아쉬운 결정이죠. 합동 교단의 정서가 좀 더 근본주의 쪽으로 흐른 결과예요. 하지만 여전히 전 세계의 장로교회에서는 천주교의 영세를 인정하고 있어요.

그러나 구원의 문제는 우리가 결정한다고 해서 결정되는 것은 아니에요. 천주교에서 신앙생활하는 사람들 가운데 구원을 받는 사람들이 있는지 없는지 여부는 우리가 말할 수 있는 성질의 것이 아니에요. 다만 보다 더 성경의 가르침에 충실한 교회에서 신앙생활을 하는 것이 중요하다는 것을 말씀드릴 수 있고, 기본적인 영적인 원리만을 말할 수 있을 거예요. 누구든지 예수 그리스도를 믿고 영접하는 자마다 하나님의 은혜로 구원을 얻을 거예요.

32

요한계시록에 나오는 144,000은
정확하게 구원받을
사람들의 숫자를 나타내나요?

요한계시록 144,000은 정확하게 구원받을 사람들의 숫자를 나타내나요? 상징적인 숫자일 뿐 정확하게 구원받을 사람들의 숫자로 볼 수 없는 것인가요? 만일 상징적인 숫자일 뿐이라면, 왜 그렇게 보아야 하는지 구체적인 설명을 부탁드립니다.

요한계시록 7:4에 보면 이스라엘의 각 지파 중에서 하나님의 인(印, seal)을 이마에 받은 사람들의 숫자가 144,000명이라고 기록되어 있어요. 이들은 각각 12개의 지파에서 12,000명씩이라고 그 이후의 말씀에서 설명하고 있답니다(계 7:5-8).

하나님의 인을 받았다는 것은 실제로 어떤 도장 같은 것을 이마에 받았다는 것을 의미하기보다는, 하나님에게 속한 사람들이라는 상징적인 의미일 거예요. 마치 소나 말이나 양에게 인을 쳐서 그 양이 누구의 소유인지를 구분하는 것처럼, 하나님의 인을 받았다는 것은 곧 하나님께 속한 사람들이며 곧 구원받을 사람들임을 의미하지요.

그런데 그렇게 구원받은 사람들의 숫자가 144,000명이라고 기록되어 있어서, 많은 사람들을 당황스럽게 만들고 있어요. 왜냐하면, 지금까지 믿음의 길을 걸어온 사람들의 숫자가 훨씬 더 많을 것이라고 생각되기 때문이죠. 그런데 여호와의 증인이라는 곳에서는 구원받을 사람들의 숫자는 오로지 144,000명뿐이라고 가르쳤고, 요즘에도 수많은 이단들이 그렇게 가르치고 있어요. 그러면서 오직 자신들의 집단에 속한 사람들만 구원을 받을 것이라고 가르쳐서 더욱 혼란스럽게 만들고 있어요.

하지만 성경을 좀 더 자세히 살펴본다면 구원받은 사람들의 숫자가 정확하게 144,000명뿐이라는 주장이 잘못이라는 사실을 알게 될 거예요. 우선 이 숫자를 정확한 숫자로 보지 않고 상징적인 숫자로 이해할 수 있어요. 예를 들어, 70번씩 7번 용서하라는 말씀은 490번까지만 용서하라는 말씀이 아니라, 무한대로 용서하라는 의미의 말씀인 것과 마찬가지로, 12개의 지파에서 12,000명씩이라는 숫자는 아주 많은 사람들이 구원을 받을 것이라는 상징적인 의미로 이해할 수 있지요.

더 나아가 144,000이란 숫자를 상징적인 숫자가 아니라 정확한 숫자를 의미하는 것으로 이해한다고 하더라도, 구원받은 사람들의 숫자가 그보다 훨씬 더 많을 거예요. 그 근거는 다음과 같아요. 첫째, 요한계시록 14장은 바로 그 144,000명에 대하여 묘사하고 있는데, 그들을 "처음 익은 열매"라고 표현하기 때문이에요(계 14:4). 그리스도께서 잠자는 자들의 "첫 열매"가 되셨다는 사실(고전 15:10)은 그리스도 이후에 수많은 사람들이 그리스도처럼 부활할 것임을 예고하는 것이죠. 이와 마찬가지로 144,000명이 처음 익은 열매(first fruits)라는 사실은 이들 외에도 수많은 사람들이 144,000명을 따라서 구원받을 것임을 내포하고 있으므로, 오직 144,000명만 구원받는 것이라는 주장은 잘못된 거예요.

둘째, 144,000명이라는 숫자는 유대인들 중에서 인침을 받은 사람들만을 가리키는 것이고, 유대인이 아닌 사람들로서 구원받은 사람들은 이 속에 포함되어 있지 않아요. 요한계시록 7:9에 보면, "이 일 후에 내가 보니 각 나라와 족속과 백성과 방언에서 아무도 능히 셀 수 없는 큰 무리가" 하나님 앞에 나올 것이라고 기록하고 있지요. 그러니까 전체 구원받은 사람들의 숫자는 우리가 전혀 알 수 없는 것이고, 그 숫자는 정말 많을 거예요. 이방인들 중에서 구원받은 사람들은 "아무도 능히 셀 수 없는 큰 무리"일 것이기 때문이죠.

종종 144,000명만 구원을 얻을 것이라는 주장은 무지몽매한 사람들을 영적으로 착취하는 방편으로 사용되어 왔어요. 그 제한된 구원받은 숫자에 포함되기 위해서 다른 사람들보다 더 뛰어난 신앙적인 모습을 보여야만 한다는 잘못된 가르침과 연결되어서 말이에요. 그래서 어떤 이단집단에서는 144,000명을 채우기 위해서 노력하더니만 그 숫자가 144,000명을 넘게 되자 그 가운데 성경 지식이 많은 사람으로 커트라인을 정하기도 하고, 전도를 더 많이 하거나 물질을 바쳐야 구원을 받을 것이라는 등 영적인 착취를 하고 있답니다. 에휴~.

하지만 성경에서 가르치는 진리는 아주 단순해요. 누가 구원을 얻을 것인가? 그것은 오직 하나님의 은혜로 누구든지 그리스도를 주로 영접하는 자마다 영생을 얻는 거예요. 그 숫자가 몇 명인가는 문제가 되지 않아요. 구원받을 사람들의 숫자가 아무리 적다 해도, 그 숫자 안에 들어가는 사람은 다른 사람보다 더 뛰어난 종교적 헌신을 한 사람이 포함되는 것이 아니라, 오직 주님을 믿음으로 영접한 사람이 그 숫자 안에 들어갈 것이기 때문이죠.

안타깝게도 오늘날 한국에서 발생한 이단들이 자기들을 르우벤 지파니 단 지파니 하면서 자신들 지파 가운데서 12,000씩 구원을 얻을 수 있을 것이라고 확신하곤 한대요. 12,000명은 이스라엘의 각 지파에서 나오는 것이며, 한국에서 거주하는 어떤 집단들이 자신들을 유대의 어느 지파라고 명명한다고 해서 그 지파가 될 수 없는데도 말이에요. 나원 참...

33

착한 사람도

예수님을 안 믿으면 지옥에 가나요?

? 평생 선한 일을 하고 남을 위해 희생적으로 삶을 살아온 분들이 단지 예수님을 믿지 않았다는 사실 때문에 지옥에 가나요? 복음이 전해지기 전에 살았던 우리들의 선조들이 아무리 훌륭한 삶을 살았어도 결국 지옥에 갈 수밖에 없나요?

아뇨. 잘못 아신 거예요. 예수님을 믿지 않았다고 하더라도 정말 하나님의 뜻대로 선하게 삶을 살고 평생 남을 위해서 희생하면서 사랑을 실천하며 살았다면, 그 사람은 천국에 갈 수 있어요. 만일 어떤 사람이 정말 완벽하게 죄가 없다면, 그 사람은 굳이 예수님을 믿지 않아도 돼요. 병이 없는 사람은 굳이 치료약을 복용할 필요가 없고 의사를 찾아갈 필요가 없는 것처럼 말이에요.

하나님은 공의(公義)로우신 하나님이시기에 선한 사람은 영생에 들어가게 하시고 악을 행한 자들은 영벌(永罰)에 들어가게 하시니까요(마 25:46). 바울 사도는 이렇게 말했어요. "하나님께서 각 사람에게 그 행한 대로 보응하시되 참고 선을 행하여 영광과 존귀와 썩지 아니함을 구하는 자에게는 영생으로 하시고 오직 당을 지어 진리를 따르지 아니하고 불의를 따르는 자에게는 진노와 분노로 하시리라."(롬 2:6-8)

또한 예수님께서도 이렇게 말씀하셨어요. "인자가 아버지의 영광으로 그 천사들과 함께 오리니 그 때에 각 사람이

행한 대로 갚으리라."(마 16:27) 따라서 선한 자들은 결국 영생에 들어가게 될 것이고, 악한 자들은 영벌을 받게 될 것이라는 것이 성경적인 가르침이지, 그들이 예수님을 믿지 않았다는 이유만으로 착하고 선하게 살았는데도 불구하고 지옥에 넣을 것이라는 주장은 잘못된 주장이에요.

만일 어떤 사람이 정말 신실하게 그리고 선하게 살았고 다른 사람들에게 희생적인 사랑을 보이며 살았다면 그 사람은 예수님을 믿지 않아도 천국에 갈 수 있어요.

평소에 듣던 이야기와는 다른 것 같아서 많이 놀라셨나요? 그런데 문제가 하나 있어요. 그것은 이 세상에 그 어떤 사람도 완벽하게 하나님의 뜻대로 선하고 착하게 희생적인 사랑으로 살 수 없다는 거예요. 단 한 사람도요. 이 세상에 존재하는 그 누구도 완벽하지 않아요. 저 사람은 다른 사람들을 위해 봉사활동을 많이 하고 정말 착하게 사는 사람이라 생각했는데, 알고 보니 뒤로 온갖 나쁜 짓을 많이 했다는 뉴스를 우리는 종종 듣게 되잖아요? 사실 까발려지지 않아서 그렇지, 대부분의 사람들은 다른 사람들에게 드러나지 않은 악한 모습이 정말 많이 있어요.

우리는 종종 종교계의 타락을 보도하는 뉴스를 듣고 있죠? 무소유를 실천하고 자신을 온전히 비우는 일에 정진한다는 스님들이 종단 내에서 서로 헤게모니를 잡기 위해 싸운다는 소식, 평생 독신으로 하느님을 섬기겠다는 천주교 신부님들이 아동을 성적으로 추행했다는 뉴스, 주님을 위해서 모든 것을 버리고 헌신하겠다던 목사님들이 탐욕으로 얼룩지고 성적인 타락의 길로 걸어간 이야기 등등 얼마나 많이 들어왔나요? 바로 그게 우리의 모습이에요. 착하게 살겠다고 나선 사람들이 알고 보면 더 타락한 모습을 보이는 것이 문제인거죠.

우리가 잘 알고 있는 위대한 영웅들에게도 그런 추한 그림자들이 반드시 있어요. 그래서 그 누구도 선하고 착하게 이 세상에서 살 수 없기 때문에 천국에 갈 수 있는 사람이 하나도 없는 거랍니다. 그래서 성경은 이렇게 진단해요. "모든 사람이 죄를 범하였으매 하나님의 영광에 이르지 못하더니"(롬 3:23). 이게 우리의 문제에요.

예수님이 이 세상에 오신 것은 바로 이 때문이에요. 그 누구도 스스로의 선행으로 하나님께 갈 수 없기 때문에, 우리를 그 악의 구렁텅이에서 건져내기 위하여 예수님께서 오셨어요. 예수님은 십자가에 달리셨어요. 아무런 죄가 없으신 분이신 주님이 우리를 대신하여 십자가 위에서 피를 흘리신 것이죠. 그 덕분에 누구든지 예수님을 믿으면 이제는 영생을 얻게 되는 것이에요. 우리가 지었던 모든 죄를 대신해서 예수님께서 대신 그 형벌을 치러주셨어요. 예수님을 믿어야 구원을 얻는 것은 바로 그 때문이에요.

어떤 사람이 아무리 착하게 살았다고 할지라도 그 사람에게는 치명적인 약점이 있어요. 남들에게 들키지 않았기 때문에 괜찮아 보이는 것뿐이지, 속사람은 얼마나 추악한지 몰라요. 그렇게 추악한 죄를 짓고 사는 우리들을 사랑의 눈으로 바라보시는 분이 계셔요. 그분이 바로 하나님이세요. 하나님은 우리들을 정말 사랑하셔요. 하나밖에 없는 아들이신 예수님을 우리를 위해 내어주실만큼 말이죠. 이제 누구든지 예수님을 믿기만 하면 영생을 얻게 될거예요.

어떤 사람이 불치의 병에 걸렸어요. 그런데 그 불치의 병을 고칠 수 있는 만병통치약이 개발됐어요. 그래서 너무나도 기뻐서 그 약을 들고 병에 걸린 사람에게 갔어요. 그런데 그 병에 걸린 사람이 그 약을 믿을 수 없다면서, 약을 복용하지 않는 거예요. 그러다가 결국 그 사람이 죽었어요. 그렇다면 그 사람은 왜 죽었을까요? 그 사람을 죽인 것은 불치의 병이에요. 그 병이 그 사람을 죽인 것이죠. 하지만 죽지 않을 수도 있었어요. 그 약을 먹기만 하면 살 수도 있었죠. 하지만 그 약을 먹지 않아서 죽은 것이죠. 그래서 그 사람이 죽은 것은 그 약을 먹지 않아서 죽은 것이라고 말할 수 있어요.

이와 마찬가지로 모든 사람이 죽을 수밖에 없는 죄인이에요. 그런데 그런 죄인들을 살릴 수 있는 놀라운 하나님의 방법이 제시되었어요. 그것은 십자가에 달려서 우리들의 죄를 대신 지신 예수님을 믿는 것이에요. 그런데 안타깝게도 사람들은 예수님을 믿지 않았어요. 그러면 그 사람들이 지옥에 가게 된 이유는 무엇일까요? 그것은 그들이 죽을 수밖에 없는 죄인이었기 때문이에요. 하지만 굳이 지옥에 가지 않을 수도 있었어요. 예수님을 믿기만 하면 말이죠. 그래서 예수님을 믿지 않으면 지옥에 가는 것이라고 말하는 거예요. 하지만 그 사람이 지옥에 가는 것은 자신이 죄인이기 때문일 뿐이에요. 착한데도 예수님을 안 믿었다는 이유로 억울하게 지옥에 가는 것이 아니에요.

우리는 종종 아무리 착하게 살아도 예수님을 믿지 않으면 지옥에 간다고 말하곤 해요. 그 말은 아무리 착하게 사는 것처럼 보여도 "사실은 죄가 있기 때문에" 예수님을 믿지 않으면 지옥에 간다는 뜻이에요.

불신자들이 "예수 천당, 불신 지옥"이라는 말에 불쾌하게 생각하는 이유가 무엇일까요? 그것은 아무리 100점 만점 맞아도 선생님에게 아부하지 않으면 우등상을 주지 않겠다는 말처럼 들리기 때문이에요. 이건 불합리한 것이잖아요? 우리가 착하게 살 수 있는데, 그렇게 100점 만점짜리 인생을 살아도, 예수님을 안 믿으면 지옥에 갈거라고 하니까 불쾌하게 느껴지는 거에요. 아무리 성실하게 장사를 잘해도, 조폭에게 돈을 바치지 않으면 망하게 될 거라는 말처럼 들리기 때문이에요.

하지만 예수님은 이미 100점 만점 받은 학생들에게나 성실하게 장사를 잘 하고 있는 상인들과 같은 우리들에게 오신 것이 아니에요. 건강한 사람들에게는 의사가 필요없듯이, 우리가 만일 100점 만점짜리 인생이거나 성실하게 장사를 잘 하는 사람들과 같았다면 예수님이 필요 없었을 거에요.

예수님께서 오신 것은 우리가 구제불능의 사람들이었기 때문이에요. 피를 흘리고 쓰러져 가는 강도 만난 사람과 같이 누군가의 도움이 없으면 안 되는 그런 상황에서 예수님께서 오셔서 우리들에게 손을 내밀어 주신 거에요. 우리는 결코 착하지 않고 더러운 죄성의 소유자이기 때문에, 예수님이 필요한 거에요.

34

자살한 사람들은 지옥에 가나요?

? 자살은 죽는 순간까지 하나님의 명령을 거역
하는 것이고 죄 중에서 가장 큰 죄에 속하기
때문에, 자살을 하면 하나님께 용서받지 못하고 결
국 지옥에 갈 수밖에 없다는 말을 들었습니다. 자살
한 영혼들은 결코 구원을 받을 수 없는 것인가요?

자살하면 천국에 갈 수 없고 지옥에 간다는 말은 아마도 자살하는 것을 방지하기 위하여 고안된 말일 거예요. 마지막 순간까지 하나님의 뜻을 순종하지 않고 자신의 목숨을 살해하는 행위는 하나님 앞에서 큰 죄임에는 틀림없어요. 하지만 자살하면 지옥에 간다는 말은 자살로 인해 가족을 잃은 유가족들에게는 너무나도 큰 상처로 남을 만한 말이에요. 가족을 잃은 것도 너무 슬픈데, 그 가족이 영원히 지옥의 형벌 속으로 떨어졌을 것이라고 이중적인 가해를 하는 것이니까요. 설사 그 말이 사실이라 해도 이런 말들을 함부로 내뱉는 것은 성도의 바른 자세가 아니에요. 성경은 "즐거워하는 자들과 함께 즐거워하고 우는 자들과 함께 울라"(롬 12:15)고 가르치고 있으므로, 자살로 인해 가족을 잃은 유가족들의 아픔에 공감하고 동참하는 것이 바른 자세일 거예요.

그런데 정말 자살을 하면 지옥에 가는 것일까요? 그것이 성경적인 가르침일까요? 성경에는 그런 말이 전혀 등장하지 않아요. 그럼에도 불구하고 그런 생각이 널리 퍼지게 된 것

은 천주교에서 죄를 대죄(大罪, 죽을 죄, mortal sin)와 소
죄(小罪, 용서받을 죄, venial sin)로 나누면서 살인을 용서
받지 못할 대죄 가운데 하나라고 규정하는 데서부터 유래했
어요. 물론 천주교에서도 대죄를 전혀 용서를 받을 수 없는
죄라고 보지 않고, 모든 죄가 다 참회와 고해성사를 통해
용서를 받을 수 있다고 가르치지만, 일반인들의 생각에 자
살은 용서를 받을 수 없는 아주 큰 죄라고 생각하는 거예
요. 그렇게 생각하는 이유가 있다면, 스스로를 죽이는 살인
죄를 마지막으로 저질렀기 때문에 더 이상 용서를 받을 기
회 조차 없기 때문일 거예요.

하지만 이러한 판단은 어설프고 성급한 거예요. 무엇보다
도 누가 구원을 받을 수 있고 받을 수 없는가에 대해서는
우리가 함부로 판단할 것이 아니에요. 그것은 전적으로 하
나님의 주권에 달려있기 때문이죠. 누가 선하고 착하게 살
았는가에 우리의 구원이 달려있는 것이 아니라, 하나님께서
누구에게 자비를 베풀어서 구원의 은총을 베푸느냐가 중요
한 거예요. 우리 모두는 자살한 사람들과 마찬가지로 크고

작은 죄를 지으며 하나님을 배반하는 삶을 살다가 죽어요. 따라서 마지막 순간에 그가 의롭고 착한 일을 하고 하나님의 뜻에 순종하며 살다가 죽었는가 여부가 우리의 구원을 결정하는 중요한 변수가 되지 않아요. 우리 모두는 하나님에게 갈 수 있을만큼 거룩하거나 선하지 않기 때문에 예수님께서 이 세상에 오셔서 십자가를 지신 거예요. 그러므로 구원은 내가 무엇을 어떻게 행했는가에 달린 것이 아니라, 하나님의 은혜로 그리스도의 구원을 받아들이는 자에게 있을 거예요. 따라서 우리가 무슨 죄를 지었기 때문에 구원을 받을 수 없다는 식으로 이야기를 해서는 안 될 거예요.

더 나아가 아무리 자살을 시도하더라도 생명은 하나님의 손에 달려있어요. 자살을 시도했다 하더라도 실제로 그 목숨이 끊어지는 것은 하나님의 뜻에 달려있는 것이죠. 그리고 실제로 그 목숨이 끊어지기까지 회개할 시간은 충분히 있어요. 그 시간이 단 몇초라 할지라도 말이에요. 예수님 옆에 달렸던 강도가 그 짧은 시간에 회개했잖아요? 따라서 자살을 시도했다는 사실만으로 구원을 받지 못하리라는 것은 성급한 판단이에요. 물론 구원을 받지 못했을 가능성은 높아요. 마지막 순간까지 하나님을 거역하고 믿음을 저버렸기 때문이죠. 하지만 회개는 언제든지 가능하고, 하나님의 구원은 그가 어떤 선택을 했는가 여부와는 관계없이 부어질 수 있기에 우리가 함부로 판단하는 일은 멈추어야 할 거예요.

35

왜 기독교는 배타적인가요?
다른 종교도 인정할 수는 없나요?

? 다른 종교들은 평화롭게 잘 지내는 것 같아 보기가 너무 좋습니다. 서로가 사랑하고 인정하며 같이 지내면서 화평을 추구하는 것이 옳지 않나요? 왜 기독교는 예수님만을 믿어야 한다고 주장하고 있는가요? 다른 종교는 그저 자신들의 교리 체계에 따라 신앙적인 훈련을 잘 쌓으면 되는 것 아닌가요?

다른 종교를 가진 사람들에게 적대적인 모습을 보이는 크리스천들이 있어요. 잘못된 종교라고 비난하면서 예수님을 믿으라고 권고하는 모습을 보여주기도 해요. 그리고 신앙적인 문제에서 다투는 일이 많고 그 신앙적인 주장을 꺾지 않은 단호함이 기독교인들 사이에서 많이 있어요. 사실 이러한 태도는 바람직한 태도는 아니에요. 오히려 우리 크리스천들은 배려하는 마음을 가지고 또한 양보하는 마음을 가지고 다른 종교인들을 대하는 것이 옳아요. 그런데 그렇게 하지 못하고 배타적인 양상을 드러내는 것은 성경적인 교훈을 따랐기 때문이라기보다는 우리들 속에 잠재되어 있는 편 가르기 의식 때문일 거예요. 즉 우리 편이면 무조건 두둔하고 우리 편이 아니면 무조건 배척하는 고질적인 생각이 크리스천이 되어서도 미처 바뀌지 않았기 때문일 거예요.

성경의 가르침은 심지어 원수까지라도 사랑하라는 거예요(마 5:43-48). 서로 적대 관계에 있던 유대인에게 자비를 베풀었던 사마리아인의 이야기를 통해서(눅 10:29-37) 예수님은 우리의 사랑의 대상이 나와 정반대의 입장에 서 있는 사람들에게까지 펼쳐져야 한다고 가르치셨어요. 그런데 크리스천들이 복음을 수호한다는 미명 하에 그리고 복음을 전파해야 한다는 미명하에, 불신자들이나 타종교인들을 향해서 적대적인 감정을 드러내고 불편한 내색을 드러내는 것은 예수님의 말씀을 진지하게 받아들이지 못했기 때문일 거예요.

따라서 타종교인이라 할지라도 사랑으로 대해야 해요. 물론 우리의 신앙을 타협하여도 좋다고 말씀드리는 것은 아니에요. 정중하게 우리가 믿는 바를 설명하고 우리의 신앙의 지조를 지키기 위하여 노력해야 할 것이지만, 무례한 방식으로 타종교인들을 대해서는 안 될 거예요.

그러나 이 말은 타종교도 기독교와 똑같은 가치를 지닌다는 말은 아니에요. 기독교는 타종교와는 다른 특별한 메시지가 있기 때문이에요. 이 세상의 모든 종교는 모두 우리의 노력을 강조하죠. 우리가 노력을 해서 마음을 비우든지, 아니면 노력을 해서 덕이나 선을 쌓든지 해서 지고선(至高善)에 다다를 수 있다고 가르쳐요. 하지만 우리가 아무리 노력해도 지고선(至高善)에 다다를 수 없어요. 10년 공부가 도로아미타불이 되는 게 우리의 인생이거든요. 우리가 롯데타워 꼭대기까지 올라가는 방법은 열심히 높이 뛰기를 연습하는 것이 아니에요. 물론 열심히 높이뛰기 연습을 하면 연습을 하지 않은 사람들보다야 약간 더 높이 뛸 수는 있겠지만, 높이뛰기로 롯데 타워 꼭대기까지 올라갈 수 있는 사람은 단 한 사람도 없어요. 우리에게 필요한 것은 높이 뛰기 연습이 아니라, 우리를 태워서 그 꼭대기 층까지 데리고 가주는 엘리베이터와 같은 수단이죠. 그런데 이 세상의 모든 종교들은 높이 뛰기를 연습하면 조금 더 높이 뛸 수 있다는 사실을 보여주면서 정말 많이 연습을 하면 지고선이라는 목표에 도달할 수 있을 것이라고 가르치는 거예요.

그런데 성경은 우리들에게 아주 놀라운 소식을 가르쳐주고 있어요. 그것은 하나님이신 예수님께서 우리를 구원하기 위하여 오셨다는 소식이에요. 그분은 아무 죄가 없으셨지만, 우리를 모든 죄에서부터 용서하시기 위해서 십자가에 달리셨어요. 따라서 누구든지 예수님을 믿으면 구원을 얻게 되었어요. 그래서 기독교의 메시지가 독특한 거예요. 이 세상의 그 어떤 종교가 줄 수 없었던 답을 주기 때문이죠.

36

죄를 마음대로 지으면서
회개하기만 하면 된다는 생각
괜찮은 건가요?

제 주위에 죄를 쉽게 짓고 하나님께 회개하면 된다고 생각하는 언니가 있어요. 저는 정말 이해가 되지 않아요. 그런데 한편으로는 회개 기도를 안하는 것 보다는 좋다고 생각이 들어요. 그리고 주님의 보혈로 죄를 씻겨달라 회개를 한다면 사랑의 하나님께서 모른 척 하시진 않을 것 같은데, 혼란스럽습니다. 회개만 하면 된다는 신앙인들, 정말 괜찮은 건가요?

결코 괜찮지 않습니다. 그런 식의 태도야 말로 하나님께서 가장 싫어하시는 모습이니까요. 이사야 1장에 보면, 하나님께서 이스라엘 민족이 제사를 드리는 것을 강하게 책망하고 계신 것이 기록되어 있어요. 그들은 죄를 지은 후에 하나님께 나와서 희생제사를 드렸어요. 하나님께서 희생제사를 드리면 죄를 용서해주시겠다고 했기 때문에, 죄를 지은 후에 희생제사를 드린 것이죠. 하지만 하나님께서는 누가 나에게 희생제사를 드리라고 했느냐 하시면서 그들의 희생제사를 받지 않으셨어요(사 1:12). 희생제사를 드리면서도 여전히 죄를 짓고 있는 그들을 하나님께서는 거부하신 것이죠.

오늘날에도 이런 식의 신앙태도가 많아요. 회개하기만 하면 하나님께서 다 용서해주신다고 했으니까, 마음대로 죄를 짓고 회개하기만 하면 된다고 생각하는 것이죠. 하지만 그러한 태도는 결코 정당하지 않으며, 그런 사람들은 하나님으로부터 용서를 받을 수도 없고 구원을 받을 수도 없는 사람들일 뿐이에요.

회개는 단순히 입술로 잘못했다고 고백하는 것일 수 없어요. 마음으로 뉘우친다고 해서 그게 회개일 수는 없어요. 회개는 지금까지 살아오던 삶의 방식을 버리고 이제는 하나님께서 원하시는 방식으로 살아가는 결단까지 포함하는 것이에요. 마치 아버지의 집을 떠났던 탕자가 잘못을 뉘우치기만 한 것이 아니라, 다시 아버지의 집으로 돌아간 것과 같이 삶을 바꾸어야 해요. 그러니까 아무런 삶의 변화가 없이 계속해서 죄를 지으면서 말로만 회개하는 것은 참된 회개일 수 없죠. 그런 사람들은 구원받은 사람이라고 할 수 없어요. 그래서 그런 사람들은 교회 밖으로 출교시켜버리라고 성경에서는 가르치고 있어요(고전 5:11-13). 가짜이니까요.

물론 진정으로 회개한 사람이 다시 죄를 지을 수도 있어요. 우리는 다 연약한 존재이기 때문에, 회개해 놓고도 또다시 넘어질 수 있어요. 우리가 한번 결단으로 죄를 짓지 않을 수 있다면, 예수님께서 굳이 이 세상에 오실 필요가 없었겠죠. 하지만 우리는 늘 넘어지는 연약한 존재이기 때문에 예수님께서 오셔야 했던 거예요. 그래서 죄를 또 짓게 되면 다시 애통하는 마음으로 회개하고 결단해야 해요. 이러한 모습은 죄를 짓고 또 회개하고 또 죄를 짓는 것으로 비쳐지기 때문에, 마음대로 죄를 짓고도 회개하기만 하면 된다는 사람으로 오해받을 수 있어요. 진정으로 회개하고 거룩하게 살기를 원했지만 또 죄를 지어서 또 다시 애통하는 마음으로 나아가는 사람과 죄를 마음대로 지으면서 회개하기만 하면 된다는 생각을 하는 사람은 현상적으로는 똑같아 보여요.

하지만 아주 큰 차이가 있어요. 마음의 차이에요. 우리들은 겉으로만 보기 때문에 어떤 사람이 과연 어느 부류에 속했는지 판단하기가 어려워요. 그래서 제3자가 보면 위선적으로 보일 수 있어요.

우리는 회개하기만 하면 된다고 생각하고 마음대로 죄를 짓는 그런 태도를 가져서는 안 돼요. 그것은 구원파와 같은 잘못이고, 역사적으로 율법폐기론자들과 같은 잘못이기 때문이에요.

37

기복주의 신앙은
무엇이 잘못된 것인가요?

기복주의 신앙에 대해서 비판하는 소리를 많이 들었습니다. 무엇이 기복주의 신앙이고 어떻게 해야 기복주의 신앙이 아닌가요? 우리 성도들은 하나님으로부터 복을 구하는 것이 당연한 게 아닐까요? 실제로 우리가 하나님 앞에 나갈 때 복을 얻는 것인데, 왜 잘못이라고 말하는 걸까요?

하나님은 복의 근원이에요. 우리가 바로 그 복의 근원이신 하나님에게서 멀어질 때 불행해지는 것이죠. 반대로 우리가 하나님 안에 있을 때 복된 삶을 살 수 있어요. 마치 아버지의 집을 떠난 탕자가 결국은 돼지를 치며 돼지가 먹는 열매로 배를 채우려고 했던 것처럼, 우리 인생의 근본적인 문제는 하나님에게서 떠나 있다는 데 있어요.

그런데 기복주의(祈福主意)는 복을 얻기 위하여 하나님을 도구처럼 사용하도록 조장한다는 데 문제가 있어요. 기복주의의 관점에서는 복이 목적이고 하나님은 수단이 되어 버리죠. 겉으로 보면 신앙인 것 같지만, 사실 기복주의야 말로 가장 반신앙(反信仰), 또는 가짜 신앙이라고 할 수 있어요. 하나님을 수단화시키기 때문이죠.

어떤 재벌에게 외동딸이 하나 있다고 해봐요. 그런데 그 재벌의 외동딸을 사랑하게 되어 그와 결혼을 하게 되면, 재벌의 사위가 될 거예요. 당연히 그는 부유함 속에서 살아갈 수 있을 거예요. 그것은 재벌가의 외동딸을 사랑하고 결혼하였기 때문에 부수적으로 따라오는 결과죠. 하지만 바로 그런 사실 때문에, 부수적으로 따라오는 부를 얻기 위하여 재벌가의 외동딸을 사랑하지 않음에도 불구하고 접근하여 결혼한다면 그것은 불행의 시작일 거예요.

신앙도 마찬가지예요. 하나님을 사랑하고 하나님과의 깊은 교제의 관계 속으로 들어간다면 어마어마한 복된 삶을 누릴 거예요. 이 세상의 재벌이 줄 수 있는 것 이상일 거예요. 그런데 바로 그 하나님 자체가 목적이 아니라, 하나님을 이용하여 얻을 수 있는 그 복이 목적이 된다면 그것은 참된 신앙이라고 할 수 없어요.

사울의 경우가 기복주의를 보여주고 있는 대표적인 경우예요. 그는 블레셋과의 전쟁에서 승리하고 싶은데, 사무엘은 나타나지 않고 백성들은 흩어지는 것에 불안했어요. 그래서 사울 왕은 자신이 직접 하나님께 제사를 드렸어요. 제사를 드린 것이니까 하나님이 기뻐하셨을까요? 그렇지 않아요. 이 일로 인하여 사울 왕은 하나님으로부터 버림을 받았어요. 사울에게 있어서 하나님은 전쟁에서 승리하게 해주는 도구에 지나지 않았기 때문이에요. 하나님을 주님으로 본 것이 아니라, 수단으로 본 거예요. 그가 제사를 드린 것은 하나님을 너무나도 사랑하기 때문이 아니었어요. 하나님이 주는 전쟁에서의 승리가 탐났을 뿐이죠.

기복주의는 사울 왕과 같은 방식으로 하나님을 대하는 거예요. 선물을 주시는 자(giver)이신 하나님이 중요한 게 아니라, 하나님으로부터 오는 선물(gift)에만 관심이 집중된 것이 기복주의죠.

결국, 기복주의의 신(神)은 하나님이 아니라 물질(건강, 명예, 권력 등등)인 거예요. 그들을 행복하게 해주고 그들을 만족시켜주는 것이 물질(건강, 명예, 권력 등등)이기 때문에 그것을 추구하는 것이고, 그러한 신을 추구하기 위한 도구로 하나님이란 수단을 이용하는 것뿐이죠. 기복주의는 기독교처럼 보이지만 사실은 물질(건강, 명예, 권력 등등)을 우상으로 섬기는 이교(異敎)일 뿐이에요.

38

주일을 잘 지킬 수 없는 직장인데
그만 두어야 할까요?

? 신입 직장인입니다. 두달 째 되어가고 있는데 근무 특성상 3주에 한 번씩 주일날까지 근무를 해야해서, 주일을 잘 지키지 못합니다. 그만둬야 할지 계속다니는게 맞는건지 궁금합니다. 주일은 꼭 지켜야 한다고 해놓고, 지금은 조금만 기다려보자 참아보자 이렇게 말씀하시니까 답답합니다. 하나님도 이해하실꺼야 이렇게 생각해도 되나요?

우리 성도들의 소박한 바람이 있다면, 신앙생활을 잘 할 수 있는 여건이 주어지는 것이겠죠. 주일에 교회에 나와 예배를 드리고 봉사도 할 수 있는 그런 좋은 여건의 직장을 다닐 수 있다면, 얼마나 좋을까요?

하지만 이 세상은 우리가 신앙생활을 하는 것을 도와주는 방식으로 돌아가기보다는, 신앙생활을 하기 어려운 방향으로 돌아가고 있어요. 그래서 이 세상에서 살면서 신앙생활을 하는 것이 쉽지 않은 것 같아요.

질문하신 분은 3주에 한 번씩 직장에서 일해야 하기 때문에 주일을 지키지 못하는 경우가 있어서 고민하고 계시는데요. 이렇게 고민하는 마음이 참 소중하다고 생각합니다. 주일에 예배를 드리고 싶은 열정이 느껴지기 때문이죠.

만일 주일에도 항상 일을 해야 하기 때문에 전혀 예배를 드릴 수 있는 형편이 되지 않는다고 하면, 그런 직장은 그만두고 주일을 지킬 수 있는 직장을 찾아보라고 권면을 하고 싶어요. 하지만 3주에 한 번씩 주일을 지키지 못하는 경우라면, 이 문제에 직접적인 대답을 하는 것보다는 다른 차원에서 대답해 드리고 싶어요.

물론 주일을 아주 잘 지킬 수 있는 더 나은 직장이 있다면 좋겠지만, 지금 현재의 직장을 그만둘까 고민하기보다는 하나님께서 왜 나를 이 직장으로 보내셨는지, 내가 이 직장에서 어떠한 사명을 수행하기를 원하시는지를 진지하게 기도하면서 발견해 나가야 한다고 생각해요. 분명 하나님께서 질문자를 이 직장으로 인도하신 데에는 하나님의 뜻이 있을 것이기 때문이에요.

요셉이 보디발의 집의 하인으로 팔려가게 되었을 때, 아마도 신앙을 잘 지킬 수 있는 여건이 주어지지 않았을 거예요. 안식일을 잘 지킬 수도 없었을 것이 분명해요. 다니엘과 세 친구들의 경우도 마찬가지인데요. 바벨론 땅에서 온전히 신앙생활을 하기에는 여러 가지 장애 요소들이 많이 있었을 거예요. 사실 이 세상에는 우리가 완전하게 신앙생활을 할 수 있는 가장 좋은 여건의 직장이라는 것은 없어요. 간호사들의 경우, 경찰의 경우, 버스 운전사의 경우 등등 여러 직종에서, 순번에 따라서 주일에도 일해야 하는 경우가 많아요. 주부들은 어떠한가요? 역시 자녀들을 위해 쉬지 못하고 일을 해야 하기도 하죠. 그럴 때 가장 좋은 여건의 직장을 찾으려고 하는 것보다는, 하나님께서 왜 나를 이곳에 보내셨는지 그 사명을 찾아보는 것이 중요하다고 생각해요.

적은 일이 충성할 때, 하나님께서는 더 큰 것으로 맡기실 거예요. 현재의 직장이 마음에 들지 않는다고 생각해서, 벌써부터 그 직장이 아닌 다른 직장을 찾아보려고 하는 것은 바람직한 크리스천의 태도일 수는 없을 것 같아요.

39

성가대라는 용어보다는
찬양대라는 용어를 사용해야 하나요?

? 성가와 성가대라는 말은 성경적인 의미와

한국 기독교 전통과는 거리가 멀며, 성경에는

찬송이라는 단어가 208번, 노래는 176번, 찬양은 83

번, 찬미는 13번 등장하지만, 성가라는 표현은 한

번도 등장하지 않기 때문에 성가와 성가대라는 용어

보다는 찬양 또는 찬양대라는 용어를 써야 한다고

하는데, 정말인가요?

우선, 성경에 나오는 용어인가 아닌가는 우리가 지금 사용해도 되는 용어인가 아닌가를 결정하는 기준이 될 수 없어요. 삼위일체(三位一體)라는 용어는 성경에 등장하지 않아요. 하지만 그렇다고 해서 우리가 사용할 수 없는 용어가 아니에요. 오히려 성부와 성자와 성령 하나님이 각각 독립된 분이시면서도 권세와 영광과 능력이 동등한 한 하나님이심을 가르치는 성경의 교훈과 일치하기 때문에 우리가 충분히 사용할 수 있지요. 사도신경도 마찬가지에요. 사도신경은 성경에 나오는 것이 아니에요. 후대에 만들어진 것이고, 사실 사도들이 만들었는지도 확실하지도 않아요. 하지만 거기서 가르치는 내용은 성경의 가르침에 부합하기 때문에 교회가 사용하고 있어요. 더 나아가 오늘날 설교 강단에서 전하는 메시지는 성경을 그대로 읽지 않아요. 하지만 그 설교가 성경의 내용을 충실하게 전달한다면 그 메시지를 하나님의 말씀으로 받아들일 수 있을 거예요.*

---

* § 25. "설교는 하나님의 말씀인가요?"에 대한 답변 참조.

더 나아가 성경에 있다고 해서 무조건 지금도 사용할 수 있는 것은 아니에요. 예를 들어, 노예제도, 형사취수제도, 제비뽑기가 성경에 있으니까 오늘날에도 그대로 그런 제도들을 사용할 수 있는 것이 아니에요.* 성경에 오순절이니 칠칠절이니 유월절이니 하는 절기들이 나오지만, 그래서 신약 시대의 교회들이 그런 절기들을 지켜야 하는 것도 아니에요. 따라서 성가나 성가대라는 용어가 등장하지 않는다고 해서 오늘날 교회에서 사용하지 말아야 한다고 말하는 것은 논리가 빈약하죠.

성가(聖歌)라는 말은 문자 그대로 거룩한 노래를 의미해요. 세속적인 내용의 노래와 세속적인 목적으로 부르는 노래와는 구별되는 의미에서 이런 표현을 사용하는 거예요. 따라서 하나님을 찬양할 거룩한 목적으로 노래하는 것을 성가라 표현하고 그 일을 하는 사람들을 성가대라고 부르는 것은 잘못된 것이 아니에요. 다만 아무리 성가곡을 부른다 할지라도 하나님께 찬양하는 목적이 아니라면, 거룩하지 못

---

* § 49. "제비뽑기를 사용해도 될까요?"에 대한 답변 참조.

할 것이기에 찬양하는 마음을 담아 찬양할 것을 강조하는 것은 바람직할 거예요. 하지만 성가나 성가대라는 용어에 대해 시비를 거는 것은 너무 속이 좁은 일이 될 거예요.

40

"예배를 본다"라는 말은 잘못인가요?

"예배를 본다" "예배를 봅시다"와 같은 표현은 잘못이라고 들었습니다. 왜 잘못인가요? 그러면, 어떤 표현이 맞는 표현인가요?

 예배(禮拜)는 한자어로 예도를 갖추어 경배하는 것을 뜻합니다. 영어로는 worship이라고 하는데, 이 단어의 의미는 하나님에게 경외와 찬양을 표하는 것을 나타내지요. 따라서 예배는 그 대상이 하나님이에요. 하나님께 드리는 것이 예배죠.

사람들이 함께 모여 찬양하고 기도하고 설교를 듣기도 하는데, 예배를 받으시는 분은 하나님이지 사람이 아니에요. 예배 중에 찬양은 사람들이 듣기 좋으라고 부르는 노래가 아니라, 하나님의 영광을 드러내기 위하고 하나님께 경배하는 방편으로 노래하는 거예요. 따라서 하나님을 향한 찬양이 되어야 하는 것이죠. 예배 중에 기도는 사람들이 들으라고 하는 것이 아니라, 하나님께 우리의 소원과 간구를 드리고 하나님을 찬양하기 위하여 기도를 하는 거예요. 헌금을 드리는 것도 하나님께 드리는 거예요.

다만 설교는 사람들에게 하는거예요. 하나님의 뜻을 분별하여 전달함으로써 예배를 통해 하나님의 뜻을 깨닫게 하는 것이죠. 또한, 축도도 사람들에게 하는 거예요. 하지만 모든 순서들은 전체적으로 하나님께 드려지는 경배예요. 따라서 사람이 마치 구경꾼처럼 예배에 참석해서는 안 되고, 하나님 앞에 예배자로 참여하는 것이 옳아요.

그런데 "예배를 본다" "예배를 봅시다"라는 표현은 마치 우리들이 예배를 구경하는 듯한 뉘앙스를 풍기는 것 같아서, 많은 분들이 그런 용어를 사용하면 안 된다고 주장하곤 하지요. 사실 그렇게 주장하는 것은 우리나라 어법에 무지한 결과예요. "예배를 본다" "예배를 봅시다"라는 표현에서 사용된, "보다"라는 말은 앞에 나오는 명사의 진정한 목적을 행하는 것을 나타내기 위하여 사용하는 일종의 보조어에요. 예를 들어, "장을 보러 가자"라는 표현은 그냥 시장을 구경하러 가자는 뜻이 아니라, 시장에 가서 물건을 구매하는 행위를 하자고 권유하는 표현이죠. 따라서 "예배를 보다" "예배를 봅시다"라는 표현은 예배를 구경한다는 의미가 아니라, 예배라는 목적을 수행한다는 의미예요. 그래서 우리 선조들은 이런 표현들을 아무런 거리낌이 없이 사용했었어요. 그런데 오늘날 많은 사람들이 "보다"라는 표현을 구경하는 의미를 나타내는 표현으로 혼동하면서 그 표현 자체를 거부하고 있어요. 하지만, 이렇게 용어로 시비를 거는 것은 자신의 국어 지식의 일천함을 드러내는 것일 뿐이죠. 물론 예배는 오직 하나님께만 드려야 한다는 것을 수호하려는 의지는 본받아야 할 거예요.

그런데 그런 용어를 수호하려는 의지만큼 하나님께 예배를 드리려는 의지는 실제적으로 나타나지 않는다는 것이 아쉽죠. 찬양하면서 사람들이 그 찬양을 어떻게 생각할지를 더 생각하고, 기도하면서 하나님을 의식하기보다는 사람들이 들으라고 하는 기도를 하기도 하죠. 용어를 어떤 식으로 사용하든, 하나님께 진정으로 드려지는 예배가 되길 바래요.

41

중보기도라는 말은
잘못된 표현인가요?

 하나님과 사람 사이의 중보는 오직 예수님만 이 할 수 있는 일인데, 우리가 다른 사람을 위해서 하는 기도를 "중보기도"라고 표현하는 것이 옳은 가요?

하나님과 사람 사이의 유일한 중보자는 예수님뿐 이에요(딤전 2:5; 히 8:6). 그러니까 사람들을 위하 여 중보(中保)하실 수 있는 분은 오직 예수님뿐이죠. 당연히 어떤 사람이 다른 사람을 위하여 기도하는 그 기도를 중보기도라고 표현할 수 있는가 하는 문제가 생겨요. 그래서 우리들이 다른 사람들을 위해서 드리는 기도는 디모데전서 2:1에서 사용한 도고(禱告)라는 용어로 불러야 한다는 주장이 있어요. 이렇게 주장하는 의도는 분명하죠. 그 어느 누구도 사람과 하나님 사이의 중보자가 될 수 없고, 오직 예수님만이 중보자라는 사실을 강조하기 위한 거예요.

하지만 다른 사람들을 위하여 하는 기도를 "도고"라는 용어로 사용하는 것은 별로 유익이 없어요. "도고"라는 용어는 사실 그 어느 누구도 잘 이해하지 못하는 용어이기 때문이죠. 뿐만 아니라, 다른 사람을 위하여 드리는 기도는 어떤 의미에서 중보적인 의미를 담고 있어요. 다른 사람을 위한 것이니까요. 중매쟁이는 자신의 문제가 아니라 제3자인 처녀와 제3자인 총각을 서로 소개하듯, 중보기도도 내 문제를 위해서 기도하는 것이 아니라 제3자를 위한 기도이기 때문이죠. 따라서 우리들이 이해하기에는 "도고"라는 표현보다는 중보기도라는 표현이 훨씬 더 좋아요. 다만 우리가 이렇게 다른 사람들을 위하여 기도하는 것은 예수님께서 중보하시는 사역과는 다른 차원이라는 것을 강조하는 것으로 충분할 거예요.

우리들의 중보기도, 즉 다른 사람들을 위한 기도는 응답될 수도 있고 응답되지 않을 수도 있어요. 기도의 응답은 전적으로 하나님께 달려있는 것이기 때문이죠. 그러나 그리스도의 우리를 위한 구원의 중보는 확실한 것이죠.

42

"하나님은 미쁘시도다"라는
표현의 의미가 무엇인가요?

? 성경을 읽다 보면 한국말이 분명한데도 도대체 이해할 수 없는 표현들이 참 많이 있습니다. 고린도전서 1:9에 있는 "하나님은 미쁘시도다"라는 표현도 그 가운데 하나입니다. 이 말의 의미는 무엇인가요?

우리나라 성경은 지금으로부터 약 100여 년 전인 1911년에 최초의 한글 성경이 완역된 이래로 여러 차례 수정을 거쳐서 지금의 성경에 이르게 되었어요. 이러한 수정 작업을 통해서 표현들을 가다듬고 현대 어법에 맞게 많은 부분을 수정하였으나, 가능하면 표현을 크게 바꾸지 않으려는 성경 번역의 특수한 특성 때문에 오늘날 현대인들이 잘 이해하지 못하는 여러 표현들이 많이 남아 있는 것이 아쉽죠. 그 가운데 하나가 바로 "미쁘다"라는 표현이에요. 우리들 중에 그 누구도 일상생활을 하면서, "미쁘다"라는 단어를 사용하여 대화하는 분들은 없을 거예요. 그래서 이 단어의 정확한 의미도 알지 못한 채 사용되고 있어요. 놀라운 것은 이 단어의 의미에 관해서 묻는 사람도 거의 없다는 것이고, 더욱 놀라운 것은 심지어 목회자들조차도 이 단어의 의미가 무엇인지 모른 채 사용하고 있다는 사실이죠.

"미쁘다"라는 표현은 형용사예요. "기쁘다" "슬프다" "예쁘다" 등과 같은 부류의 표현으로, "미쁘다"의 "쁘"는 형용

243

사적 표현인거죠. 따라서 이 단어의 의미는 "미"에서 찾을 수 있는데요, 이 "미"는 "믿다"에서 온 거예요. 그러므로 "미쁘다"라는 말은 "믿음직스럽다" "신뢰할 만하다"(faithful)라는 뜻을 나타내요. "믿다"라는 동사에서 "믿음"(faith)이라는 명사가 나오는 것이고, 역시 "믿다"라는 동사에서 "미쁨"(faithfulness)이라는 명사가 나오는데, "미쁨"은 "신뢰할 만함" "믿을 만함" "신실함"이라는 뜻이 되고, 여기에서 형용사형인 "미쁘다"가 나오는 거예요.

따라서 디모데후서 2:13에서 "우리는 <u>미쁨</u>이 없을지라도 주는 항상 <u>미쁘시니</u> 자기를 부인하실 수 없으시리라"라고 번역되어 있는데, 이 말씀의 의미는 "우리는 신실함이 없을지라도, 하나님은 언제나 신실하시다"라는 의미예요.

이러한 번역들은 앞으로 수정되어서 일반인들이 충분히 이해할 수 있는 표현으로 바뀌기를 소망해요.

43

천국을 다녀왔다는 사람의 말을
믿어도 될까요?

? 수술하는 도중에 죽음을 체험했고 그때 천국을 경험했다고 하면서, 그때의 경험을 말하시는 분을 보았습니다. 그분이 말하는 천국에 대한 묘사와 여러 가지 이야기들을 믿어도 될까요?

임사체험이 가능할 수는 있어요. 정말 죽음의 문턱에까지 가는 경험을 했다는 이야기들은 우리 주변에서 종종 듣고 있죠. TV에서 그런 사람들을 인터뷰한 프로그램이 방영되기도 했구요. 임사단계에서의 체험은 충분히 있을 수 있어요.

하지만 그런 경험이 실제로 진짜 "천국"을 경험하고 진짜 "지옥"을 경험했는가는 증명할 수 없어요. 예를 들어, 우리는 꿈을 꿀 때 평소에 간절히 바라던 것이나 평소에 생각하던 것으로 꿈을 꾸죠. 이와 마찬가지로 우리는 죽음의 직전까지 가는 경험을 할 때, 꿈을 꾸는 것과 같은 경험을 충분히 할 수 있어요. 죽지 않고 깨어나면서, 그런 꿈꾸는 것과 같은 경험을 진짜 "천국"을 보고 진짜 "지옥"을 본 것이라고 생각할 수 있는 것이죠. 하지만 그렇게 생각한다고 해서, 진짜 천국이나 지옥을 본 것은 아니에요. 평소의 생각이 반영되는 꿈꾸는 것과 같은 일을 경험한 것일 뿐이죠.

수술하는 과정 가운데 몰핀의 주사를 맞게 되면 황홀경에 빠지게 되기도 하는데, 이때 사람들은 평상시 가지고 있던 생각과 비슷한 천국을 경험하는 것과 같은 경험을 하기도 해요. 그래서 기독교를 믿는 사람은 자신의 기독교 신앙과 비슷한 천국과 지옥의 경험을 한 것처럼 느끼게 되고, 천주교 신앙을 가졌던 분은 자신의 천주교 신앙과 비슷한 천국과 지옥 또는 연옥의 경험을 하게 되기도 하고, 불교를 믿는 사람은 자신의 신앙체계를 입증하는 듯한 경험을 하게 되죠.

임사체험은 사실일 수 있으나, 그것이 진짜 천국과 지옥에 대한 경험인지는 증명할 수 없다는 점을 인정해야 하고, 우리의 신앙은 그런 경험에 의존할 것이 아니라, 온전한 계시인 성경 66권에 의존해야 해요. 성경말씀에 다른 계시를 추가하는 것을 금하고 있기 때문이죠.

44

천국에서는 무엇을 하면서 지내나요?

천국에서는 무엇을 하면서 지내게 되나요? 천국에서는 늘 찬송만 부르고 있어야 하는 건가요? 너무 지겹지 않을까요? 모든 것이 완성되어 더 이상의 노력도 있을 필요도 없고 아무런 할 일이 없는 곳이라면, 차라리 생동감이 넘치는 지옥이 더 재미있을 거라는 말을 어떻게 생각하시나요?

사람들이 농담으로 그런 말들을 하죠. "재미없는 천국보다는 차라리 재미있는 지옥에 살고 싶다"고 말이에요. 천국은 왜 재미없는 곳처럼 비쳐졌을까요? 그것은 아마도 모든 것이 완성된 곳에서는 아무런 도전도 투쟁도 없을 것이라는 생각 때문일 것 같아요. 도전이라고 하는 것은 삶에 활력을 불어 넣어주는 요소일텐데, 더 이상 아무런 도전도 없고 투쟁도 없는 그런 상태가 과연 좋은 곳일까에 대해 의문을 던질 만하네요. 더구나 성경에서는 천국에서 하나님을 찬송하게 될 것이라고 기록하고 있는데, 다른 할 일은 거의 없는 것 같고 찬송만 부르며 지내는 삶이 과연 무슨 재미가 있을까 해서 던지는 질문일 겁니다.

하지만 천국에서 찬송을 부른다는 것은 우리들의 기쁨이 완성된다는 의미가 있어요. 우리는 아주 맛있는 음식을 먹게 되면 그냥 침묵할 수는 없죠. 친구들에게 어느 식당에 가서 음식을 먹었는데, 정말 맛있었다고 말을 해요. 누가 묻지 않아도 말이에요. 그렇게 말하는 이유는 그렇게 표현해야 우리의 기쁨이 비로소 완성되기 때문이에요. 아주 멋진 장관을 보게 되었을 때, 사람들은 돌아와서 침묵하지 않아요. 그 멋진 장관에 대해서 침을 튀기면서 이야기를 하게 되죠. 그래야 기쁨이 완성되기 때문이에요. 할머니들이 손주 자랑을 하는 이유도 마찬가지일 거예요. 너무나도 사랑스러운 나머지 자랑하지 않으려야 않을 수 없고 주책이네 하는 소리를 듣더라도 기어이 말하고 싶은 것이 사람의 마음이에요. 시인은 그 멋진 장면을 보고 시를 읊어야만 직성이 풀리고, 작곡가는 노래를 만들어야 비로소 만족감을 얻을 수 있고, 화가는 그것을 그림으로 표현해야만 비로소 기쁨이 완성이 돼요.

이와 마찬가지로 천상에서 찬송을 부를 것이라는 말은 지겹게 노래만 부를 것이라는 의미라기보다는, 천국에서의 삶이 얼마나 기쁜지 그것을 주체할 수 없어서 노래하게 될 것이라는 의미예요.

천국은 우리가 무엇을 상상하든 그 상상 이상이에요. 이에 반하여 지옥은 우리가 그 어떤 심한 고통의 상태를 상상하든 그 상상 이상이죠. 그래서 지옥에서는 찬송이 들릴 수 없어요. 농담으로 우리가 재미없는 천국보다 재미있는 지옥이라는 말을 하지만, 그 말은 전제가 잘못된 것이죠. 천국은 재미 그 자체이고, 지옥은 고통 그 자체일 것이니까요.

45

롯은 왜 자신의 딸들을
소돔의 악당들에게 내어주려 했을까요?

? 창세기 19장에 보면 천사들이 롯의 집에 찾
아왔을 때, 소돔 사람들이 그들을 끌어내어 욕
보이려고 했습니다. 그때 롯은 자신의 딸들을 내어줄
테니 천사들을 건들지 말라고 제안합니다. 도무지 아
버지로서는 할 수 있는 말이 아닐 것 같은데, 왜 롯
은 이런 제안을 했던 것일까요?

창세기 19장은 소돔의 죄악이 얼마나 심각한 것인
지를 단적으로 보여주고 있어요. 그들은 롯의 집에
천사들이 찾아왔을 때 몰려와서 그들을 끌어내라
고 요구했죠. "오늘 밤에 네게 온 사람들이 어디 있느냐?
이끌어 내라. 우리가 그들을 상관하리라."(창 19:5) 여기서
"상관하다"라고 번역된 히브리어는 원래 "알다(to know)"
라는 뜻의 "야다"인데, 이 표현은 성적인 관계를 하겠다는
의미로 이해할 수 있는 표현이에요. 멸망을 당하기 직전의
소돔이 얼마나 악했는가를 보여주는 단적인 모습이죠.

그때 롯은 그들을 말리면서 자기의 집에 찾아온 손님들에
게 이런 악한 일을 하지 말라고 부탁하죠. 거기까지는 이해
가 돼요. 그런데 그 롯이 자기 딸을 줄테니 딸을 마음대로
하라고 제안하면서, 제발 자기 집에 온 손님들을 건들지 말
라고 한 것은 쉽게 납득이 가지 않아요(창 19:8). 이것은 정
말로 이해하기 어려운 제안이죠. 어떻게 부모가 자신의 딸
을 동내 불량배들에게 내어줄 테니 마음대로 하라고 말할
수 있을까요?

하지만 롯의 이 말은 자기 집에 온 손님들을 절대로 내어줄 수 없다는 것을 강조하기 위한 표현이에요. 불량배에게 자신의 딸을 내어주는 부모는 없을 거예요. 그런데 그 딸을 내어주는 것보다 자기 집에 온 손님을 내어주는 것이 더 어렵다고 표현함으로써, 그들의 요구를 한마디로 거절한 거예요. 강한 부정을 위한 수사적 표현이라고 이해하면 될 것 같아요.

롯은 자기 집에 온 손님들을 정성을 다해 대접하려는 선한 마음을 가지고 있었어요. 이렇게 손님을 극진히 대접하는 것은 아주 중요한 선행이었죠. 종종 우리는 롯이 우유부단한 사람이라고 생각하고 믿음이 별로 많아보이지 않는 사람이라고 지레짐작하는 경우가 많아요. 하지만 성경에서 묘사하는 롯은 믿음의 사람이었다고 보는 것이 옳을 것 같아요(벧후 2:7-8).

46

영혼의 무게는 얼마나 되나요?

영혼에도 무게가 있나요? 사람에게 영혼이 있다는 것을 영혼의 무게를 측정하여 과학적으로 증명해낸 분이 계시다고 하는데 그게 사실인가요?

1907년 맥두걸(Duncan MacDougall, 1866-1920)이라는 미국 의사가 영혼의 무게를 측정한 결과를 잡지(American Medicine)에 발표했다고 하는데요. 임종 직전의 환자 6명을 사망하기 전과 사망하는 동안 그리고 사망한 후로 나누어 무게를 잰 결과 죽은 후에 무게가 21g이 달라졌다는 것을 발표하면서 그게 바로 영혼의 무게일 거라고 했다고 해요. 개로 실험했을 때는 무게가 줄지 않았으나 인간의 경우에는 죽음 후에 무게가 달라진 것으로 보아 그게 영혼이라고 주장한 바 있다고 하네요.

그럴듯해 보이지만 이러한 주장은 한 마디로 엉터리 주장이에요. 우선 그 실험이 과학적 입증을 하기에는 너무나도 부족한 데이터에 근거하고 있어요. 더 나아가 설사 그 실험이 모든 사람에서 동일하게 나타나는 현상이고 또한 다른 모든 생명체에서는 나타나지 않는 상황이라는 아주 충분한 실험을 했다고 하더라도 그것은 그런 차이가 있다는 것만을 입증할 뿐 그것이 영혼의 무게일 것이라는 점을 증명하지는 못해요.

영혼은 육체와는 달리 무게가 없다고 보는 것이 옳지 않을까요? 마치 아무리 생각을 많이 한다고 해서 우리들의 몸무게가 달라지지 않는 것처럼 말이에요.

47

부활절에 계란을 사용하는 것은
이교도의 전통에서 온 것으로 피해야 하나요?

? 어디선가 들은 이야기인데요. 부활절 계란은
이교도들의 의식에서 비롯된 것이지, 성경적인
것이 아니므로 사용하지 말아야 한다는 이야기를 들었
습니다. 정말 계란을 부활절에 삶아서 나누어주는
것은 피해야 하는가요?

부활절이 되면 계란을 나누어주면서 그것을 소재 삼아 예수 그리스도의 부활을 전하는 것은 교회의 오랜 전통이죠. 그런데 이 부활절 계란의 전통은 고대 이교도 의식에서 비롯되었다는 설이 있어요. 이교도들이 계란을 성스러운 상징으로 사용했었는데 이런 이교도의 전통이 기독교로 유입되었다는 것이죠. 그래서 최근에 부활절 계란을 사용하지 말아야 한다는 주장이 진지하게 제기되는 것 같아요.

이런 식의 주장은 부활절뿐만 아니라 성탄절과 관련해서도 많이 있어요. 성탄절과 관련된 여러 가지 상징들의 사용에 대해서도 문제가 제기되곤 해요. 예를 들어 성탄절에 사용되는 트리, 둥그런 나뭇잎 장식(wreath), 촛불 등등과 같은 것들도 모두 이교도적 유래를 가진 것이기 때문에 사용하지 말아야 한다고 하는 주장들이 있어요. 십자가에 천 장식을 하는 것도 마리아의 십자가이기 때문에 사용해서는 안 된다는 주장도 있죠.

우선 이러한 주장들이 가지고 있는 순수한 열정에 대해서는 고마움과 감사를 표현하고 싶어요. 사실 우리들은 우리가 의식하지 못한 채 잘못된 신앙행태에 빠져들 수 있거든요. 그러므로 지금 우리가 행하고 있는 것들이 과연 성경적인 것인지, 아니면 잘못된 것들인지 따져보아야 하는 것은 반드시 필요한 일이라고 생각해요. 개혁교회는 하나님의 말씀에 근거하여 항상 개혁되어야 하는 것이니까요.

하지만 한편으로 이러한 주장들이 근거하고 있는 생각에 대해서는 우리가 한 번 진지하게 평가해볼 필요가 있어요. 사실 이 세상에 존재하는 모든 것들은 이미 이교도들에 의해서 악하게 사용된 바 있어요. 따라서 이교도들이 단 한 번도 사용하지 않은 아이템을 골라보라고 하면, 단 하나도 찾을 수 없을 거예요. 따라서 단순히 예전에 이교도들이 미신적인 행위를 위해서 사용한 적이 있기 때문에 크리스천들이 절대로 사용하지 말아야 한다고 한다면, 그 어느 것도 사용할 수 없을 거예요.

크리스천은 이교도들이 사용한 것들을 피하고, 그들이 전혀 사용한 적이 없는 것들만을 찾아다녀야만 한다면, 이 세상에서 살 수 없을 거예요. 이게 근본주의적 태도의 문제죠. 사실 이 세상의 모든 것들은 영적으로 오염된 상태이거든요. 크리스천으로서 우리의 과제는 오염되지 않은 것들을 찾아다니는 것이라기보다는, 이교도들에게 빼앗겼던 것들을 다시 찾아서 하나님께 돌려드리고 하나님께 영광을 올려드리는 거예요. 그래서 이교도들은 하나님을 배반하는 방법으로 계란을 사용했지만, 우리들은 계란을 다시 원래의 목적으로 돌려놓아야 할 책임이 있어요. 우리는 계란을 통해서 영양을 공급받기도 하고, 더 나아가 계란을 깨고 생명이 나오는 이미지를 통해서 부활의 이야기를 전하는 화두로 충분히 이용할 수 있어요.

태극기가 어떤 한 집단에 의해서 자신들의 주장을 관철하기 위한 도구로 사용된 적이 있기 때문에, 그들의 주장과 반대되는 입장을 가진 사람들은 태극기를 전혀 사용하지 않아야 하는 것은 아니죠. 태극기는 어느 한 파만을 위한 것이 아니라 대한민국 사람이라면 누구든지 가슴이 뜨거워져야 할 상징이기 때문이에요. 이와 마찬가지로 이교도들이 한번 사용하면 더 이상 크리스천들이 사용할 수 없는 것은 아니에요. 오히려 크리스천들은 더욱 적극적으로 잘못 사용되었던 것들을 바로잡고 선한 목적을 위해 사용해야 해요.

그래서 기타와 드럼이 술집에서 사용되고 퇴폐와 향락을 위해서 더럽게 사용된 바 있었지만, 크리스천들은 똑같은 도구들을 가지고 하나님을 예배하는 도구로 만들었어요. 그래서 우리나라 전통 가락이 향락을 위해 사용되고 심지어 미신적인 굿을 하는데 사용된 바 있었지만, 크리스천들은 그 가락을 이용해서 하나님을 찬양하는 일을 하는 것이죠. 뿐만 아니라 한 때 일본군가로 사용되었던 가락이 찬송가에 편입되어 하나님을 찬양하는 곡으로 바뀌기도 했는데, 이것은 경악할 일이라기보다는 오히려 당연한 일이고 감사한 일이 될 거예요. 미국의 크리스천들은 아리랑이란 곡조를 하나님을 찬양하는 가사로 바꾸어서 찬송가에 넣었어요. 한때 비관주의적 세계관을 노래하던 바로 그 노랫가락을 주님을 찬양하는 것으로 바꾼 거예요. 크리스천들은 이 세상의 문화를 피해서 도망 다녀야 하는 패배자들이 아니라, 이 세상의 문화를 정복하여 하나님께 전리품으로 드려야 하는 사람들이에요.

물론 부활절이나 성탄절에 이루어지는 여러 가지 전통이나 상징들이 복음의 본질을 나타내기보다는 오히려 복음을 왜곡하는 결과를 가져올 수 있어요. 그렇다면 이러한 것들을 과감하게 개혁해야 해요. 그래서 부활절 날에 토끼가 등장하거나, 성탄절에 산타크로스가 등장하는 것은 우리가 경계해야 할 잘못된 문화라고 할 수 있어요. 하지만 단순히 이교도들이 사용한 적이 있다는 이유로 교회 내에서 금해야만 한다면, 도대체 무엇을 안심하고 사용할 수 있을까요? 화폐도 이교도들이 사용했기 때문에 크리스천들은 돈을 거부해야 할까요? 짐승들을 잡아서 이교도 제사로 사용했기 때문에, 크리스천들은 고기를 먹지 말아야 할까요? 노래와 곡조를 이용하여 이교도 제사를 드렸기 때문에, 크리스천들은 전혀 노래를 부르지 말아야 하는가요?

바울 사도는 이교도들이 우상에게 바친 고기에 대해서 이렇게 말한 바 있죠. "그러므로 우상의 제물을 먹는 일에 대

하여는 우리가 우상은 세상에 아무 것도 아니며 또한 하나
님은 한 분밖에 없는 줄 아노라."(고전 8:4) 이러한 원칙은
단순히 고기에만 적용되는 것이 아니라, 이 세상의 문화에
도 적용할 수 있어요.

48

십자가에 M자형 천을 둘러 장식하는 것
(소위 마리아 십자가)은 잘못인가요?

? 십자가 장식에 천을 M자 형으로 두른 것은
소위 마리아의 십자가라고 하는 것으로 천주교
에서 사용하는 것이니 사용하지 말아야 한다는 주장
을 들은 적이 있습니다. 이에 대해서 어떻게 생각하
시나요?

십자가에 천을 장식하는 것은 천주교에서 시작되었다기보다는 개신교에서 시작한 전통입니다. 예수님께서 십자가에 달리셨으나 그것이 죽음으로 끝나지 않고 부활하셨다는 의미에서 예수님의 세마포를 상징하는 천을 걸어놓은 예술적인 시도에서 시작된 것이죠. 천주교에서는 십자가에 예수님이 달린 형상을 주로 사용하지만, 개신교 쪽에서는 주로 예수님이 달리지 않은 텅 빈 십자가를 사용하는 것이 일반적인데요. 부활을 좀 더 강조하는 셈이에요. 그런 부활을 강조하기 위하여 천을 둘렀는데, 밋밋한 십자가보다는 좀 더 예술적인 느낌이 있으므로 널리 퍼지게 된 거예요. 굳이 어떤 의미가 있어서 M자 모양으로 걸은 것이 아니라, 십자가 양쪽 기둥에 걸치다 보면 자연스럽게 M자 모양이 나오게 된 거예요.

그런데 일부 개신교 근본주의 진영에서 이것에 대하여 시비를 걸기 시작했어요. 이러한 십자가는 마리아를 숭배하는 천주교에서 나온 천주교 장식의 하나라고 비난하기 시작한 거예요. 그래서 마리아 십자가라는 말을 사용하면서 개신교회가 이런 장식을 사용하면 안 된다고 해요. 그러면서 소위 기적의 메달(The Miraculous Medal)에 있는 장식과 비슷하다는 점을 지적하고 있어요. 또한, 교황 요한 바오로 2세의 문장에 십자가 옆에 마리아를 상징하는 M자가 같이 그려져 있는 것과 유사하다는 점을 지적하기도 하죠. 하지만 위 두 예를 세심하게 살펴보면 개신교 전통에서 천을 십자가에 올려놓은 것과는 달리, M자가 십자가 밑에 있어요. 따라서 이러한 일부 개신교 근본주의 진영의 주장은 과도한 것이라고 생각해요.

더 나아가 일부 개신교 근본주의 진영의 주장에 백번 양보해서 천주교에서 마리아 십자가를 사용하고 있다고 하더라도, 우리 개신교에서 십자가에 천을 걸치는 예술적 장식을 반드시 피해야 할 이유는 없어요. 사실 개신교 전통 중에는 천주교에서 온 것들이 많아요. 삼위일체 교리, 하나님의 성품에 관한 교리, 등등 중요한 교리들이 모두 천주교에서 온 것이죠. 천주교에서 삼위일체 하나님을 믿고 있기 때문에 우리가 삼위일체 교리를 거부할 필요는 없는 것처럼,

설사 마리아 십자가를 천주교에서 사용한다고 하더라도, 우리가 부활의 의미를 담아 천을 거는 것을 금해야 할 이유는 없어요.

2004년에 개봉된 송강호 주연의 "효자동 이발사"라는 영화가 있어요. 박정희 정권 시절을 배경으로 한 영화인데, 이 영화에서 주인공인 효자동 이발사(송강호 분)는 "설사를 하는 사람은 간첩"이라는 정부의 발표가 있자, 설사병에 걸린 자신의 아들이 간첩이라며 직접 경찰서로 데리고 가는 장면이 나와요. 정말 말도 안 되는 우스운 설정인데, 오늘날 한국 그리스도인들은 이런 식의 논리에 넘어가는 경우가 많아요. 그 가운데 하나가 마리아 십자가 해프닝입니다. 천주교에서 M을 마리아를 숭배하는데 사용하니까 개신교에서는 M자처럼 보이는 그 어떤 장식을 해서도 안 된다는 주장은 설사를 하면 무조건 누구나 간첩이라고 생각하는 것과 같은 논리죠. 또한, 모든 비유를 천편일률적으로 해석하는 신천지 이단들의 사고방식과 같아요. 메시야도 M으로 시작하고, 모세도 M으로 시작하는데, 왜 M이 꼭 마리아를 상징하는 것으로만 보아야 할까요?

크리스천은 불신자들이 또는 이교도들이 점령한 곳들을 피해 다녀야만 하는 도망자들이 아니에요. 물론 신앙이 어린아이와 같은 분들에게는 이런 방식이 효과적일 수 있어요. 분별력이 없는 분들이 이단적인 가르침이나 잘못된 것에 미혹되지 않게 하려고, 무조건 M자만 보면 피해야 한다는 식으로 가르칠 수도 있겠어요. 어린아이들이 유괴당하지 않도록 모르는 사람에게는 인사도 하지 말고 아는 척도 하지 말라고 가르치는 것과 같아요. 하지만 신앙생활을 그런 식으로 해서는 성숙해질 수 없어요. 크리스천은 불신자들이나 이단들이 빼앗아가 버리고 선점했던 것들을 다시 회복하여 선하게 사용할 수 있어야 해요. 한때 주점에서나 사용되었던 기타를 이제는 주님을 찬양하는 도구로 만든 것처럼 말이죠. 예전에는 기타를 치는 것은 불경한 것이라고 비난하고 얼씬도 하지 못하게 만든 적이 있었어요. 그런 도피주의적 태도는 바람직하지 않아요.

나는 미국에 있는 수많은 성경적이고 복음적인 교회들에

서 고난주간과 부활절이 되면, 교회 마당에 나무 십자가를 세워놓고 하얀 천 장식을 해 놓은 것을 보면서 그리스도의 죽음과 부활을 다시 생각하는 유익을 얻은 적이 있어요. 마리아 숭배를 의도하는 것이 아니라면, 충분히 사용해도 좋을 거예요.*

* 이 글은 오태현 목사의 글, "십자가에 장식하는 천은 '마리아 십자가'의 상징 아냐"를 참조하였습니다. <당당뉴스> 2014.11. 28. http://bit.ly/마리아십자가

49

제비뽑기를 사용해도 될까요?

? 교회 내에서 직분자들을 선출할 때, 또는 중요
한 결정을 할 때 제비뽑기라는 방법을 사
용하여야 한다는 주장을 들었습니다. 제비뽑기야말로
하나님의 뜻이 온전히 구현되는 성경적인 방법이라고
하면서 말입니다. 과연 우리의 중요한 문제에 대해
서 제비뽑기 방법을 사용하는 것이 좋을까요?

제비뽑기를 거룩한 제비뽑기라고 명명하면서 대대적으로 제비뽑기를 시행해야 한다고 주장하는 목회자가 있어요. 이분의 주장에 설득되어서 합동 교단에서 제비뽑기 방식으로 수년 동안 선거를 시행한 바 있고, 미주 내 한인 교계 내에서도 제비뽑기를 확산하려고 하는 움직임이 있어요.

이렇게 주장하는 이유는 제비뽑기야말로 하나님의 주권에 복종하는 방식이며 인위적인 노력을 배제하는 방식이기 때문이라고 해요. "제비는 사람이 뽑으나 모든 일을 작정하기는 여호와께 있느니라"(잠 16:33)의 말씀처럼, 사람의 뜻에 따라 결정하지 않기 때문에 이런 말을 하는 것 같아요. 뿐만 아니라 제비뽑기는 교계 내에서 선거를 시행할 때마다 얼룩졌던 부정과 부패를 없앨 수 있는 장점이 있기 때문일 거예요. 제비를 뽑는 것은 다툼을 그치게 하여 강한 자 사이를 해결한다고 했으니까요(잠 18:18).

하지만 제비뽑기가 가장 성경적인 제도이며 우리가 그 방법을 따라야 한다고 하는 주장은 과도한 것이며 성경적인

지지를 받을 수 없어요. 성경에 형사취수, 노예제도, 일부다처의 관습이 기록되어 있었다고 해서 오늘날에도 그런 제도를 계속 시행해야 하는 것이 아닌 것과 같아요. 제비뽑기가 성경에서 사용되었다고 해서 오늘날에도 그런 제도를 아무런 진지한 고민 없이 사용해서는 안돼요.

무엇보다도 오늘날 우리가 제비뽑기를 사용할 수 없는 이유는 이제는 하나님의 뜻이 성경 66권 가운데 밝히 드러나 있기 때문이에요. 성경이 완성되기 전에는 하나님의 뜻은 선지자를 통해서 제한적으로 전달되었으며, 또한 우림과 둠밈이나 제비뽑기와 같은 여러 가지 방법들을 사용하여 하나님의 뜻을 구하곤 했어요. 하지만 이제는 성경이 완성되었으며, 신앙생활에 필요한 모든 하나님의 뜻이 밝히 계시되었기 때문에, 이제는 하나님의 말씀인 성경의 의존하여 판단하면 돼요. 이제는 더 이상 구약시대와 같이 하나님의 직접적인 뜻을 구할 필요는 없어요. 제비뽑기는 하나님의 계시가 완전히 주어지기 이전에 한시적으로 사용되었던 방법으로, 오늘날에도 제비뽑기를 통해서만 하나님의 뜻을 가릴 수 있다고 생각하는 것은 철저하게 잘못된 주장이에요.

더 나아가 사람의 자유의지와 하나님의 뜻과 섭리는 양립할 수 없는 배타적인 것이 아니에요. 제비뽑기의 열렬한 주창자이신 박광재 목사님은 기독신문 2013년 9월 4일자 광고를 통해서, 제비뽑기는 "주권을 성삼위 하나님께 돌려드리는" 방법인 반면, 직선제는 "최종 선택과 최후 결정권 즉 주권을 인간들이 행사하는" 방법이라고 주장했어요. 하지만 이는 사람의 의지와 하나님의 뜻을 서로 배타적인 것으로 보는 잘못된 관점에서 나온 거예요.

우리는 의사의 치료와 약을 사용하면서도 치료가 의사나 약에 의하여 이루어진 것이 아니라 온전히 전적으로 하나님의 은혜 때문에 이루어진 것이라고 고백할 수 있는 것처럼, 사람의 노력과 판단과 뜻은 하나님의 주권과 배치되는 것이 아니에요. 제비를 사람이 뽑았음에도 불구하고 그것이 여호와의 작정에 의한 것이라고 잠언 16:33에 의하여 고백할 수 있다면, 사람이 직접 선거를 통하여 선출하더라도 그것이 사람의 선택이 아니라 하나님의 작정에 의한 것이라고 고백할 수 있어야 하죠.

결혼은 두 사람이 서로 사랑하기로 선택하고 결단해서 성사되는 것이지만, 그럼에도 불구하고 두 사람을 짝지어주신 분은 하나님이라고 고백해야 하는 것과 같아요. 내가 수고하고 땀을 흘려서 소득을 얻게 되었지만, 모든 우리의 소득이 하나님께서 주신 것이라고 고백하는 것과 같아요.

제비뽑기는 사람의 의지가 전혀 개입할 수 없기 때문에 전적으로 하나님의 뜻이 온전히 드러날 수 있는 반면, 선거는 사람의 의지가 개입될 수 있기 때문에 하나님의 뜻이 드러나지 않는다고 생각하는 것은 성경의 가르침이 아니에요. 하나님은 사람의 마음에 소원을 주시고 일을 행하시기 때문이죠(빌 2:13).

더 나아가 제비뽑기가 하나님의 선하시고 온전하신 뜻을 항상 바르게 나타냈다고 볼 수 없어요. 우리는 그 예를 사무엘상 14장에서 볼 수 있는데요. 사울 왕은 블레셋과의 전투에서 승기를 잡은 뒤, 계속해서 밤새도록 블레셋을 추격하여 진멸하기를 원했어요. 하지만 제사장의 권면에 따라

추격할지 여부를 하나님께 물었죠. 그런데 하나님은 아무런 응답을 하시지 않았어요. 그때 사울 왕은 하나님께서 응답하시지 않은 이유가 이스라엘 가운데 죄가 있기 때문이라 생각하고, 제비뽑기를 통해서 그 죄가 누구에게 있는지 밝히기를 원했어요. 그 결과 요나단이 뽑히게 되었어요(삼상 14:36-42).

하지만 요나단에게 죄가 있었던 것은 아니죠. 첫째, 사울이 금식의 맹세를 하게 할 때 그 자리에 요나단은 없었고, 따라서 요나단은 금식의 맹세를 하지 않았거든요. 둘째, 하나님은 요나단과 함께 하셔서 블레셋과의 전쟁에서 승리를 하게 만드셨어요. 셋째, 사울은 백성들의 만류에 따라 요나단을 죽이지 않았는데, 그것 때문에 그 어떠한 하나님의 진노도 없었어요. 사울은 엉뚱한 사람을 죄인으로 뽑아버린 것일 뿐이에요. 하나님께서 함께하시지 않는다면, 제비뽑기도 잘못된 결과를 가져올 수 있는 것이지, 항상 천편일률적으로 하나님의 뜻을 온전히 드러내는 방법이 아니에요.

죄는 요나단에게 있었던 것이 아니라, 신앙을 전쟁에서

이기는 방편쯤으로 활용하려던 사울 왕에게 있었고(백성이 흩어지는 것을 방지하기 위하여 제사를 이용했던 것처럼), 피째 고기를 먹었던 백성들에게 있었어요. 오히려 요나단은 죄인이 아니라 이스라엘의 영웅이었죠. 하마터면 의인을 죽이는 우를 범할 수 있었던 것이 제비뽑기였어요.

어떤 설교자들은 가룟 유다 대신에 맛디아를 제비뽑기로 선출한 것도 잘못된 선출이었다고 분석하기도 하죠. 하나님께서 가룟 유다를 대신할 사도로 바울을 예비해 놓으셨는데, 예루살렘 교회가 섣불리 제비뽑기를 통해서 맛디아를 선출했다는 거예요. 아니나 다를까 맛디아는 그 이후로 아무런 활약이 성경 가운데 기록되어 있지 않아요. 물론 나는 이러한 분석이 재미있다고는 생각하지만, 100% 바른 해석이라고는 생각하지 않아요. 가능한 한 해석의 하나일 뿐이죠. 하지만 요나단의 경우는 잘못된 제비뽑기였음이 분명해요.

제비뽑기가 하나님의 뜻을 온전히 나타낸 것은 하나님께서 그 방법을 통해서 하나님의 뜻을 나타내기로 작정하셨을 때뿐이에요. 물론 넓은 의미에서 제비뽑기가 하나님의 주권을 떠나서 이루어진다고 말할 수 없어요. 이 세상의 모든 일들이 하나님의 주권 하에서 이루어지는 일이니까 말이에요. 하지만 제비뽑기가 하나님께서 원하시는 진정한 하나님의 선하신 뜻을 나타내는 경우는 하나님께서 그 제비뽑기를 통해서 그 뜻을 나타내시기로 선택하셨을 경우뿐이지, 제비뽑기를 하면 항상 하나님의 선하신 뜻이 드러나게 되어 있는 것은 아니에요.

더 나아가 하나님은 제비뽑기에 매어 있는 분이 아니에요. 제비뽑기만이 유일한 방법이라고 말하게 되면, 제비를 어떻게 뽑느냐에 따라 하나님의 뜻이 드러나는 것이라고 말하는 셈인데, 그렇게 되면 결과적으로 하나님의 뜻이 제비뽑기에 종속되는 셈이죠. 하지만 하나님은 제비뽑기라는 방법에 종속되시는 분이 아니에요. 제비뽑기는 하나님께서 특별하게 사용하시기 원하셔서 사용하게 될 때, 그때에야 하나님의 뜻이 그 제비뽑기를 통해서 드러나게 되는 거예요.

하나님께서 허용하시지 않았는데 제비뽑기를 무분별하게

사용하는 것은 미신적인 행위가 될 수 있어요. 마치 침을 뱉어서 침이 튀는 방향으로 가겠다고 하는 어리석은 일과 다름없어요. 언약궤를 가지고 가면 무조건 하나님이 그 전쟁에서 이기게 해주시는 것이 아닌 것과 마찬가지예요(삼상 4:1-11).

직선제의 선거를 시행했을 때 발생하게 되는 여러 가지 단점들, 예를 들면 금권 타락 선거의 양상들은 인간의 죄성 때문에 의한 것이지, 직선제가 하나님의 뜻을 드러낼 수 없는 비성경적인 제도이기 때문인 것은 아니에요.

물론 우리는 제비뽑기 방식을 사용해도 될만한 경우에는 사용해도 무방하죠. 예를 들어, 공정한 경쟁을 위해 발표 순서를 제비뽑기 방식으로 결정할 수 있어요. 하지만 직분자를 선출할 때에는 민주적인 방식을 사용하는 것이 좋아요. 그렇게 해서 선출된 직분자들도 하나님께서 세우신 것으로 보아야 합니다. 그게 믿음이에요.*

---

* 이 글은 필자의 『사람이 여물어 교회가 꽃피다』(홍성사, 2015), 178-181의 내용을 수정·보완한 글입니다.

50

공공장소에서 큰 소리로
복음을 전하는 것이 바람직한가요?

? 사람들이 많이 모이는 공공장소에서 스피커로 큰
소리로 복음을 전하는 사람들을 보면서, 한편으
로는 그런 열정이 부럽기도 하지만, 또 한편으로는 아
무런 효과도 없을 것 같고 오히려 반발만 불러일으킬
것만 같아 씁쓸한 마음이 듭니다. 과연 이렇게 공공
장소에서 큰 소리로 복음을 전하는 것이 바람직한가
요?

복음을 전하는 것은 아주 중요하죠. 영적으로 볼 때, 죽은 사람을 살려내는 것이니까요. 영적으로 강도 만난 사람들을 도와주는 것이니요. 복음을 전하는 것은 아주 시급하고 중요한 일이에요. 그리고 설사 사람들이 잘 듣지 않고 때로는 반발한다고 하더라도 반드시 전해주어야 할 것이 복음이라고 생각해요. 만일 어떤 사람이 병에 걸려 죽게 되었는데 그 사람을 살릴 수 있는 약이 개발되었다면, 그 사람이 그 약을 복용하기 싫어한다고 해도 무슨 방법을 써서라도 먹이고 싶을 거예요. 그런 점에서 사람들이 듣지 않는 것 같아도, 심지어는 복음을 전하는 것에 대하여 짜증을 내고 반발한다 할지라도 복음을 전하려고 하는 그 열정만큼은 본받아야 한다고 생각해요.

하지만 사람들이 많이 모이는 공공장소에서 스피커로 큰소리로 외치는 방법은 별로 바람직하지는 않아요. 왜냐하면, 그렇게 하면 오히려 복음을 받아들이지 않고 반발하게 만들기 때문이에요. 어떤 사람들은 마음속으로 자신은 절대로 저런 사람들처럼 예수를 믿지 않겠노라고 다짐을 하게 되기까지 하죠.

예수님께서는 하나님 나라의 복음을 선포하러 길을 떠나는 제자들에게 비둘기같이 순결하라고만 말씀하신 것이 아니라, 뱀같이 지혜로워야 한다고 말씀하셨어요(마 10:16). 그냥 순수한 열정으로 복음을 전하기만 하면 되는 게 아니라, 그 복음이 잘 받아들여지게 하기 위해서 지혜롭게 모든 것을 고려해야 한다는 뜻이에요.

종종 사람들은 결과는 하나님께 맡겨버리고 자신은 복음을 전하기만 한다고 말하곤 하는데, 이러한 태도는 바람직한 태도가 아니에요. 만일 식당을 운영하는 사람이 식당을 더럽게 운영하면서 신선하지 않은 재료를 사용하고 맛은 별로 없는 음식을 만들어 팔면서, 자신은 오직 하나님만 믿으며 하나님께서 결과를 책임져주실 것이라고 믿고 기도하기만 한다면 성공할 수 있을까요? 만일 학생이 공부는 하지 않고 놀기만 하면서 자신이 하나님을 전적으로 믿고 의지하고 기도하니까, 좋은 대학에 합격시켜주실 것이라고 생각한다고 해서 그런 결과를 얻을 수 있을까요? 그런데 유독 복음을 전하는 일에 있어서는 그 복음이 어떻게 사람들에게 전달될지 과연 역효과는 일어나지 않을지에 대해서 고려하지 않고 모든 결과를 하나님께 맡긴다고 하는 경우가 많은 것 같아요. 우리는 복음을 전할 때, 과연 복음이 제대로 잘 전달될 수 있는지 지혜롭게 고민해보아야 하는 것이죠.

공공장소에서 스피커를 이용해 떠드는 것은 역효과를 일으킬 가능성이 훨씬 더 많아요. 지혜롭지 못한 것이죠. 기독교적 가치를 전달하기 위해서 시위의 방법을 사용하는 것도 마찬가지에요. 지혜롭지 못한 처사이죠.

우리는 종종 목적이 선하기만 하면 모든 것이 정당화될 것이라는 착각을 할 때가 많아요. 자녀들을 사랑하고 있고 그들이 잘 되기를 바라는 마음에서 잔소리를 하고 책망을 하게 되는데요. 그런 선한 목적을 가지고 있다고 해서 아무 문제가 없는 것이 아니죠. 오히려 그런 잔소리와 책망 때문에 우리 아이들은 의기소침해지고 웃음을 잃고 심지어 자살 충동을 느끼기까지 하게 되거든요. 목적만 좋아서는 안 되고, 내가 한 말이 어떤 결과를 가져오게 될지 신중하게 고민해야 해요. 안타깝게도 우리가 하는 대부분의 말은 우리들의 의도와는 달리 정반대의 역효과만 불러일으킬 가능성이 많아요. 그래서 성급하게 말할 것이 아니라, 말하기를 더디 하라고 권면하고 있어요(약 1:19). 침묵하라는 뜻이 아니라 결과가 어떻게 나타나게 될지 고민하면서 말해야 하는 것이죠.

그런데 공공장소에서 복음을 스피커로 떠들어대는 것은 그런 고민이 없는 것 같아요. 축복을 하기만 하면 되는 게 아니에요. 상황과 장소에 따라 오히려 그런 축복들은 저주로 들릴 수도 있기 때문이죠(잠 27:14). 안타깝게도 우리가 하는 모든 선한 의도의 조언들은 정반대의 결과를 빚을 때가 많아요. 복음을 전하는 것도 마찬가지죠.

사랑은 무례히 행하는 것이 아니에요(고전 13:5). 상대방이 싫다고 하는데도 억지로 좋다고 따라다니면 스토킹이 되는 거예요. 상대방이 받아들이지 않는데도 사랑한다고 하면서 성추행을 하면 강간이 되는 거구요. 하나님은 그런 식으로 우리들에게 사랑을 강요하거나 사랑을 주입하지 않으셨어요. 오히려 우리들에게 선택권을 주셨죠. 전능하신 하나님께서 강제로 우리로 하여금 하나님을 사랑하게 만드시려면 그렇게 할 수도 있었어요. 하지만 하나님은 우리들에게 하나님을 거부할 자유의지를 주셨어요. 에덴동산에는 선악과를 만들기도 하셨어요. 그러면서 문밖에 서서 문을 두드리고 계시는 거예요. 문을 박차고 쳐들어오시는 것이 아니라, 부드러운 음성으로 문을 열기를 기다리시는 것이죠. 그게 하나님의 방법이에요.

복음을 전하는 것은 생명을 구하는 시급한 것이에요. 하지만 그 방법을 지혜롭게 해야 해요. "너는 말씀을 전파하라 때를 얻든지 못 얻든지 항상 힘쓰라"(딤후 4:2)의 말씀은 듣든지 말든지 막무가내로 복음을 선포하라는 의미가 아니에요. 오히려 영어 번역에서처럼, "말씀을 선포하라. 좋은 때든지 나쁜 때든지 항상 준비하라(Preach the Word; be prepared in season and out of season.)"는 말씀으로 이해해야 해요. 즉 내가 복음을 선포할 만한 좋은 때에 있든지, 아니면 내 여건이 좋지 못하여 복음을 전하기 어려운

처지에 있든지, 복음이 필요한 사람이 있다면 복음을 전파

하기 위하여 늘 깨어 있어 준비하라는 의미로 이해해야 해

요.

51

이단 또는 불신자들의 제품을
사용하지 않아야 하나요?

? 스타벅스는 동성애를 지지하는 기업이고, 삼육

식품이나 일화 같은 기업들은 이단들의 기업이

기 때문에 애용하지 않아야 한다고 하는데, 이단이

나 불신자들의 제품을 사용하는 것은 잘못인가요?

스타벅스라는 대기업에서 동성애 단체들을 후원하고 지지하고 있기 때문에, 이러한 친동성애 기업을 불매하자는 운동이 미국 내에서 일어난 바 있어요. 이러한 불매운동을 이끌고 있는 사람은 패밀리 라디오의 사무총장인 버스터 윌슨 박사인데요. 그에 의하면 성경적인 결혼관을 지지하는 사람은 자신이 사용하는 돈이 궁극적으로 동성결혼을 지원하고 합법화하는 데에 사용되는 것을 원하지 않기 때문에 친동성애 기업을 불매해야 한다고 했어요. 크리스천은 하나님의 청지기로서 하나님이 주신 재물을 하나님의 뜻에 맞게 사용해야 할 의무가 있다는 점에서 불매운동이 어느 정도 정당성을 가질 수 있을 것 같아요.

만일 우리가 이단이나 이교도들이 운영하는 학교를 다니게 된다면 결국 그런 사상에 노출되어서 신앙을 배신하게 될 위험도 있죠. 그래서 그런 교육기관들을 피하는 것이 바람직할 수 있어요. 또한, 이단이나 이교도들이 운영하는 기업을 애용하다 보면, 그들이 더 많은 힘을 얻어서 잘못된 사상을 널리 펼치고 강화하는 데 도움을 주는 결과를 가져오게 되죠. 그래서 가능하면 이런 기업을 불매하는 것이 바람직하다는 주장이 힘을 얻는 것 같아요.

하지만 이러한 주장은 몇 가지 문제를 가지고 있어요. 무엇보다도 신앙적으로 안전한 기업만을 찾게 된다면 결국 우리들이 종교적인 게토(ghetto) 속으로 들어가게 될 위험이 있어요. 그 옛날 쿰란 종파 사람들은 유대 사회에서의 종교 시스템이 다 썩어버렸다고 생각해서 순수한 신앙을 지닌 자신들만의 지하공동체를 만들기 위해 쿰란 동굴 속으로 들어가 버렸죠. 신앙적으로 위험한 것들을 피해서 도망다니기만 한다면, 결국 우리들이 이 세상에 설 곳이 없어져 버릴 거예요.

고린도전서 5장에서는 이 세상의 악한 자들과 관계를 끊어버리고 살아가는 것이 바른 방법이 아니라고 가르치고 있어요. "이 말은 이 세상의 음행하는 자들이나 탐하는 자들이나 속여 빼앗는 자들이나 우상 숭배하는 자들을 도무지 사귀지 말라 하는 것이 아니니 만일 그리하려면 너희가 세상 밖으로 나가야 할 것이라."(고전 5:10) 그뿐만 아니라 우상에게 바쳤을지도 모르는 그런 제품이라 할지라도 따지지 말고 그냥 구매할 수 있다고 가르치고 있어요. "무릇 시장에서 파는 것은 양심을 위하여 묻지 말고 먹으라."(고전 10:25)

더 나아가 이러한 주장은 크리스천들이 가지고 있는 파워를 이용하여 이 세상을 굴복시키려는 성경적이지 못한 생각에 기초하고 있어요. 불매운동은 정말 강력한 힘이 될 수 있는데, 더구나 기독교인들의 숫자가 많으면 많을수록 엄청난 파워를 지니게 되죠. 그래서 반기독교적인 책자를 발행한 적이 있는 어느 신문사를 향해서 기독교인들이 불매운동을 벌이자 결국 그 책을 절판하기도 했어요. 하지만 이렇게 우리들이 가지고 있는 힘을 이용하여 세상을 굴복시키는 방식으로는 복음을 제대로 전할 수 없어요. 기독교인들의 숫자가 많을 때에는 굴복하는 것 같지만, 그들이 진정으로 복음에 굴복하는 것은 아니며, 결국에는 기독교인들이 숫자적 열세에 있을 때에는 오히려 당하게 될 가능성이 많아요. 예수님께서는 베드로를 향해서 칼을 도로 칼집에 넣으라고 권면하셨다는 것을 기억해야 해요. "이에 예수께서 이르시되 네 칼을 도로 칼집에 꽂으라 칼을 가지는 자는 다 칼로 망하느니라."(마 26:52)

소비의 문제는 개인적으로 지혜롭게 판단할 문제라고 생각해요. 물론 기왕이면 이단이나 불신자들의 제품들보다는 성도들의 제품을 더 애용하는 것이 더 좋을 것 같아요. 하지만 불매운동이 교회의 운동이 되어버리는 것은 바람직하지 않아요. 그것보다는 사랑으로 복음을 전하는 것을 고민하는 것이 더 나아요. 교회가 하나의 파워를 형성하여 경제를 쥐고 흔든다면 그 경제적 이득을 위해 교회를 기웃거리는 사람들이 생겨날 수는 있어도 참된 복음을 전하는 것이 오히려 더 어려워질 수 있어요. 사실 역사적으로 기독교가 타락한 것은 콘스탄틴 대제가 기독교를 국교로 선포한 것이 계기가 되었다고 보기도 하죠. 기독교 국가에서 살아남기 위해서 믿음이 없이도 기독교인들이 되는 사람들이 늘어났기 때문이에요.